Linda Lloyd

Des Lehrers Wundertüte

NLP macht Schule

Mit 59 Illustrationen von
Markus Olivieri

VAK Verlag für Angewandte Kinesiologie GmbH
Freiburg im Breisgau

Titel der amerikanischen Originalausgabe: Classroom magic. Effective teaching made easy
© Linda Lloyd, M.A., 1982; 4. Auflage 1984
ISBN 0-0-914003-00-3

Die Deutsche Bibliothek – CIP-Einheitsaufnahme

Lloyd, Linda:
Des Lehrers Wundertüte : NLP macht Schule / Linda Lloyd.
[Übers.: Elisabeth Lippmann]. – 4. Aufl. – Freiburg im Breisgau :
Verl. für angewandte Kinesiologie, 1996
Einheitssacht.: Classroom magic <dt.>
ISBN 3-924077-26-6

4. Auflage: 1996
© VAK Verlag für Angewandte Kinesiologie GmbH, Freiburg 1991
Übersetzung: Elisabeth Lippmann
Illustrationen: Markus Olivieri
Lektorat und Layout: Norbert Gehlen
Umschlag: Hugo Waschkowski
Druck: Rombach GmbH Druck- und Verlagshaus, Freiburg
Printed in Germany
ISBN 3-924077-26-6

Für David

Danksagung

Ich danke meinem Lehrer John Grinder, der mich zu diesem Buch anregte und ermutigte. Das Buch basiert auf seiner Arbeit und führt sie weiter.

Mein Dank geht auch an Richard Bandler, der zusammen mit John Grinder die Prinzipien des Neurolinguistischen Programmierens™ entwickelt, angewendet und überzeugend gelehrt hat.

Ich danke Vrle Minto für die Erlaubnis, seine Techniken aus *Alpha Truth Awareness* zu übernehmen.

Dank an Gloria Striewski, Jackie Lichty, Harold Taylor und George Harper, die an meiner Arbeit stets interessiert waren, mich ermutigten und mir tatkräftig halfen.

Außerdem danke ich Ellen Myers für ihre wertvollen Vorschläge und für viele Stunden Schreibarbeit.

Und speziellen Dank an meinen Sohn David, der mich ermutigte und mich Dinge lehrte, wie es nur ein Heranwachsender kann.

Vorwort zur deutschen Ausgabe

Eine alte Weisheit sagt: "Gib dem Hungrigen nicht nur einen Fisch, sondern lehre ihn fischen." Darum: Gebt auch den Lernenden nicht nur Wissen, sondern laßt sie den Reichtum ihrer eigenen Fähigkeiten ent-decken.

Natürliche Lernprozesse gehen durch alle Sinne, werden von Feedback, Motivation und Freude getragen, schaffen Selbstvertrauen und soziale Kompetenz. Das Buch vor Ihren Augen ist ein Wegweiser in jene Richtung – eine Richtung, die von immer mehr Menschen wiederentdeckt wird. Der Lehrstoff dieses Buches kann für viele Lernende eine persönliche Basis in einer von Informationen übervollen Welt schaffen: Denn es geht um das *Wie* und das *Wofür* des Lernens, aus dem heraus, "was auch immer gelernt werden will", auf menschengerechte Art geschehen kann.

Dazu können Sie als Leser/in dieses Buches beitragen, sich zudem der eigenen Muster, zu denken und zu erleben, bewußt werden – und der noch ungenutzten Möglichkeiten, die jede/r in sich trägt. Die Erfahrung lohnt sich – damit wir denen, die wir auf ihrem Lebensweg begleiten, mehr als nur Wissen vermitteln können.

Bernd Isert,
Forum für Meta-Kommunikation

Inhalt

	Einführung	8
	Wie Sie diese Unterrichtspläne benutzen können	9
1. Woche	Erinnern leicht gemacht	13
2. Woche	Schaffen Sie eine sich selbst erfüllende Prophezeiung!	16
3. Woche	Ein Erfolg zieht weitere Erfolge nach sich	19
4. Woche	Betrachten Sie Ihre Schüler als Superschüler!	21
5. Woche	Anweisungen richtig ausführen	24
6. Woche	Visuelles Gedächtnis – Schlüssel zur Rechtschreibung	27
7. Woche	Auditives Gedächtnis	30
8. Woche	Ihre Vorstellung von der Welt	33
9. Woche	Wie wir denken	36
10. Woche	Wissen, wie andere denken	39
11. Woche	Menschen erreichen	42
12. Woche	Dank sagen	45
13. Woche	So bekommen Sie die gewünschten Antworten	47
14. Woche	Werden Sie Meister im Problemlösen!	50
15. Woche	Schenken (vor den Weihnachtsferien)	53
16. Woche	So ändern Sie schlechte Gewohnheiten	55
17. Woche	Was möchten Sie wirklich?	58
18. Woche	Wie Sie bekommen, was Sie möchten	61
19. Woche	Den Erfolg überprüfen	64
20. Woche	Halbjahresrückblick, Bewertung und neue Zielsetzungen	67
21. Woche	Organisation: Sparen Sie Zeit und Mühe!	70
22. Woche	Disziplin und Kontrolle: Nutzen Sie Ihren Einfluß!	72
23. Woche	Erschaffen Sie sich Ihre eigene Umwelt in Wort und Bild!	75
24. Woche	Erschaffen Sie sich Ihre Gefühle!	78
25. Woche	Beziehungen anknüpfen	81
26. Woche	Kommunikation mit anderen	84
27. Woche	Durch den Sprachgebrauch unsere Erfahrung der Welt bereichern	88
28. Woche	Generalisierung: Wie wir unsere Überzeugungen bilden	91
29. Woche	Tilgung: Wie wir auswählen, worauf wir acht geben	94
30. Woche	Verzerrung: Wie wir die Wirklichkeit umwandeln	97
31. Woche	Vorannahmen: Wie Sie Ihre Kraft für Ihren Erfolg nutzen	100
32. Woche	Ankern: Ein Werkzeug für Wachstum	104
33. Woche	Strategien: Lehren, wie man lernt	107
34. Woche	Motivationsstrategien: Anderen helfen, erfolgreich zu sein	111
35. Woche	Denkstrategien: Stärken Sie Ihre geistigen Kräfte!	114
36. Woche	Lernstrategien: Lernen, wie man lernt	118
37. Woche	Überzeugungsstrategien: Woher wir wissen, daß wir es wissen	122
38. Woche	Wie geht es weiter?	125
	Erläuterung der Fachbegriffe	130
	Stichwortverzeichnis	132
	Literaturverzeichnis	133
	Informationen zur Aus- und Weiterbildung in NLP	134

Einführung

Nachdem ich zehn Jahre unterrichtet hatte, fiel mir auf, daß ich mich nicht mehr auf jeden Tag mit meinen Schülern freute. Ich hatte alles getan, was ich konnte, um die notwendige Disziplin zu erreichen, um den Unterricht dynamisch zu gestalten, um meine Schüler zu motivieren und selbst an meiner Arbeit Freude zu haben.

Auf der Suche nach neuen Impulsen nahm ich an Workshops teil, hörte mir Tonbänder an und las Bücher. Ich fand heraus, daß wir längst nicht alles wissen, was wir wissen könnten und sollten, gleich über welchen Lebensbereich, besonders aber über den Umgang mit Kindern und wie sie lernen! Ich begann die neuen Techniken anzuwenden und machte die Erfahrung, daß die Kinder für mich immer mehr zu einzigartigen Individuen wurden. Beim Unterrichten fühlte ich mich persönlich herausgefordert, meine Fähigkeiten zu verbessern. Jetzt lerne ich *mit* meinen Schülern, ich lerne von ihnen genauso viel wie sie von mir. Und damit ist meine Begeisterung zurückgekehrt.

Mit diesem Buch möchte ich Sie teilhaben lassen an der Kenntnis einiger Techniken, die ich gelernt und angewendet habe. Ich hoffe sehr, daß Sie Ihre eigene Freude am Lernen wiederentdecken, wenn Sie diese Stundenentwürfe für jeden Tag verwenden. Machen Sie diese Freude am Lernen zu Ihrem Leitmotiv für das kommende Schuljahr, indem Sie 'neue' Wege wiederentdecken für die Kommunikation mit Ihren Schülern, für das Unterrichten und für Ihr eigenes Lernen von den Schülern.

Wie Sie diese Unterrichtspläne benutzen können

Lehrer leisten in unserer wechselvollen Zeit bemerkenswerte Arbeit – und dennoch sind sie oft der Meinung, daß sie noch mehr hätten tun sollen. Sie wollen ihren Schülern helfen, aber sie wissen nicht immer wie. Die meisten Kinder wollen sich "anständig" benehmen und etwas lernen. Sie wollen die Chance bekommen, erfolgreich zu sein und sich selbst zu lieben. Sowohl Lehrer als auch Schüler machen das Beste aus dem, was sie wissen. Die Gedanken und Übungen in diesem Buch sind dazu gedacht, unser Wissen zu vermehren und unsere Wahrnehmung zu verbessern, damit wir im Denken und im Verhalten mehr Wahlmöglichkeiten zur Verfügung haben. Nicht jede Idee ist für jeden von Nutzen. Nutzen Sie, was zu Ihnen und Ihrem Unterrichtsstil paßt, dann können Sie das, was Sie jetzt schon gut machen, noch besser machen. Nach jeder Veränderung sieht manches für eine Weile anders aus. Seien Sie froh darüber, denn dies läßt sie erkennen, daß Sie sich ändern.

Erinnern Sie sich an einige frühere Erfolgserlebnisse als Lehrer: Stunden, die gut gelaufen sind; Kinder, zu denen Sie Kontakt bekamen und denen Sie helfen konnten; tolle Schautafeln, besonders kreative Stunden ...
Schreiben Sie hier zehn Erfolgsbeispiele auf:

1.

2.

3.

4.

5.

6.

7.

8.

9.

10.

Wenn Sie dieses Buch dazu benutzen, um noch mehr großartige Ideen zu bekommen, halten Sie sich diese früheren Erfolge vor Augen und bauen Sie darauf auf.

Machen Sie so lange damit weiter, einen Erfolg auf den anderen aufzubauen, bis Sie die Klasse haben, von der Sie geträumt haben. Nehmen Sie sich etwas Zeit und schreiben Sie auf, wie Ihre Traumklasse aussehen soll, oder machen Sie hier eine Zeichnung davon. Nehmen Sie alles dazu, was Sie glauben erreichen zu können.

Behalten Sie Ihren Traum im Hinterkopf, während Sie planen und unterrichten. Tun Sie so, als hätten Sie ihn schon verwirklicht – und verwirklichen Sie ihn, indem Sie so tun.

Diese Seite zeigt einige der Gedanken, die in diesem Buch enthalten sind.

Unterrichten Sie das *ganze* Kind.

Ein Erfolg zieht weitere Erfolge nach sich.

Kinder lernen schneller und behalten besser, wenn es ihnen Spaß macht.

Unterrichten Sie die Schüler unter Verwendung *aller* Sinne – Sehen, Hören, Fühlen, auch Geschmack und Geruch!

Bringen Sie die Schüler dazu, sich wie Superschüler zu verhalten.

Helfen Sie den Eltern, ihre Kinder zu akzeptieren.

Kinder lernen das, worauf wir ihre bewußte Aufmerksamkeit richten.

Verwenden Sie positive Sätze: "Sei vorsichtig!" statt "Fall nicht!".

Unterrichten Sie in kleinen Einheiten. Verknüpfen Sie die Einheiten. Üben Sie, bis diese Sequenz automatisch abläuft. Lassen Sie die Kinder das Gelernte so bald als möglich anwenden.

Das Ziel des Unterrichtens ist DENKEN.

Vermitteln Sie den Kindern eine positive Vorstellung von dem, was sie werden können.

Lehren Sie die Schüler zu erkennen, wann sie etwas gelernt haben.

Sie haben schon viele Dinge auf Ihrem überfüllten Lehrplan stehen, deshalb sind die meisten hier beschriebenen Aktivitäten kurz und machen Spaß; sie können als Abwechslung dienen; Sie können verbleibende Minuten damit füllen; Sie können Übungen und Spiele in der Freizeit oder in den Pausen durchführen usw.

Nutzen Sie die Unterrichtspläne in diesem Buch auf die gleiche Weise wie Ihren täglichen Unterrichtsplan. Schreiben Sie hinein, verändern Sie Dinge. Unterstreichen Sie und markieren Sie, fügen Sie Ideen hinzu oder streichen Sie. Nutzen Sie es als Sprungbrett für Ihre eigene Kreativität.

Verwenden Sie dieses Buch neben Ihrem täglichen Unterrichtsplan, notieren Sie sich die Seiten und die Aktivitäten, die Sie aus dieser "Wundertüte" übernehmen wollen. Behalten Sie dieses Buch über die Jahre ..., machen Sie es zu Ihrem persönlichen Buch für Ihre Planung und Ihre Aktivitäten – zu einem Spiegel Ihrer eigenen Philosophie des Lernens.

Schreiben Sie mir, teilen Sie mir Ihre Träume und Ihre Erfahrungen mit. Auch ich kann von Ihnen lernen!

Linda Lloyd
5366 Breeze Hill
Troy / Michigan 48098
USA

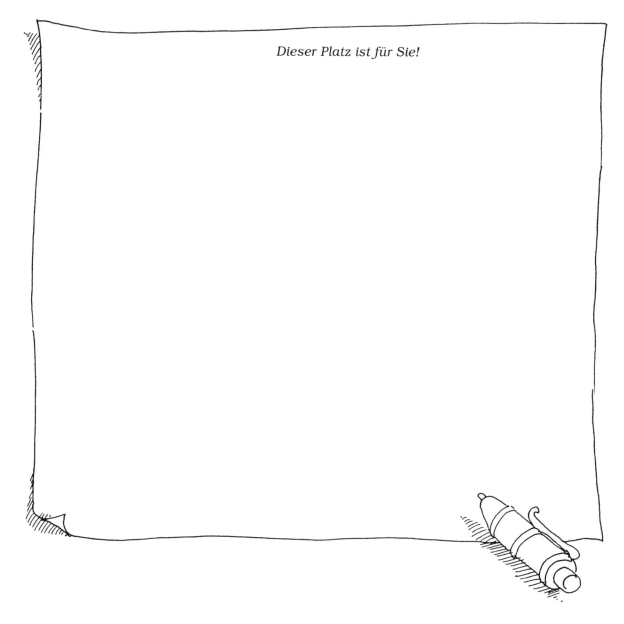

Dieser Platz ist für Sie!

1. Woche — Erinnern leicht gemacht

Kinder erinnern sich mit Hilfe auditiver, visueller oder kinästhetischer (bewegen, tasten, fühlen) Gedächtnishilfen. Wenn sie also eine Information in alle drei Bereiche ihrer "Gedächtnisbank" eingeben, werden sie sich leichter erinnern.

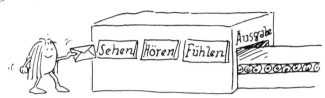

Montag — Namen lernen

Erklären Sie den Kindern, daß sie lernen werden, wie man sich Namen ganz sicher merkt:
(1) Ein Schüler gibt einem anderen die Hand;
(2) er stellt sich dabei dessen Namen auf seiner Stirn geschrieben vor und
(3) sagt dann: "Hey, ... (Name)!"
Damit werden sie sich an den Namen des anderen erinnern, gleich welche von den drei genannten Gedächtnishilfen die ihrige ist. Lassen Sie die Kinder untereinander oder mit Ihnen üben. Geben Sie ihnen Zeit, ihre Erfolge zu besprechen.

Dienstag — Auditives Gedächtnis: Lieder

Erinnern Sie sich an Lieder, die Sie selbst zu singen pflegten, als Sie so alt wie die Kinder waren – Lieder, die Sie gerne mochten. Lernen Sie einige davon mit den Kindern. Wenn sich die Lieder auch spielerisch darstellen lassen, um so besser. Unterrichten Sie auf allen drei Kanälen: auditiv, visuell, kinästhetisch. Lernen Sie jeden Tag ein neues Lied, bis Sie mit der Klasse ein Repertoire von Liedern haben. Singen Sie mit Ihren Schülern, wenn diese eine Abwechslung brauchen oder wenn Sie ein paar Minuten übrig haben. Lassen Sie sich auch die Lieblingslieder der Kinder vorsingen.

Mittwoch — Visuelles Gedächtnis: Kameraspiel

Erklären Sie den Kindern, daß sie ihren Kopf wie eine Kamera benutzen können. Sie können "eine Aufnahme machen" und das Bild später im Geiste "sehen".

Gehen Sie wie folgt schrittweise vor:
1. Halten Sie eine Karte mit einem einfachen Text hoch, zum Beispiel mit einer Kombination von Buchstaben oder Zahlen. Beispiel: *OXA YXTO 65321 5AB8R*
2. Nehmen Sie die Karte wieder herunter. Pause. Fordern Sie dann zum Schreiben auf. (Geben Sie genug Zeit zum Schreiben.)
3. Halten Sie die Karte noch einmal hoch und fordern Sie die Schüler auf, ihr Ergebnis zu überprüfen. Lassen Sie ihnen genug Zeit zum Vergleichen *und* zum Korrigieren. Bitten Sie die Schüler, auch ihr *inneres* Bild zu korrigieren.

Diese Übung verbessert die Rechtschreibung. Übrigens: Kinder, die innerlich mitsprechen, was sie sehen, haben im allgemeinen ein besseres Gedächtnis.

Donnerstag — Kinästhetisches Gedächtnis

Wählen Sie eine motorische Aufgabe, zum Beispiel: den Namen mit der nichtdominanten Hand von hinten nach vorne schreiben, oder: eine komplizierte Figur abzeichnen. Lassen Sie die Übung zunächst *einmal* machen. Dann sollen die Schüler dasselbe noch fünfmal nachmalen oder abschreiben. Fordern Sie sie auf, auf die Gefühle in ihrem Arm zu achten, während sie die Linien immer wieder nachziehen. Schließlich lassen Sie die Übung noch einmal machen. Achten Sie auf die Fortschritte. Jetzt "erinnert" sich ihr Körper an die Bewegungen.

Zum kinästhetischen Bereich zählen auch die Gefühle, genauso wie die Motorik. Wenn Kinder stark gefühlsmäßig beteiligt sind, lernen sie mit größerem Einsatz. Experimentieren Sie damit, Spaß in den Unterricht zu bringen. Gestalten Sie aufregende, mitreißende Stunden, und beobachten Sie die Reaktion Ihrer Schüler und ihren Lernerfolg.

Freitag   Beurteilung des Leistungsstandes

Bitten Sie die Schüler, ein Bild zu malen und/oder eine Geschichte zu schreiben. Heben Sie diese bis zum Ende des Jahres auf, damit die Schüler Vergleiche anstellen und Fortschritte erkennen können. Lassen Sie sie dies auch in anderen Bereichen so machen.

Der Lernprozeß ist intensiver, wenn jemand in höchstem Maße engagiert ist – emotional, visuell, auditiv, kinästhetisch. Entspannen Sie sich und denken Sie daran, wieviel Spaß Sie in solchen Situationen hatten, und erinnern Sie sich an die Dinge, die Sie mit viel Freude gelernt haben. Schaffen Sie Situationen, in denen die Kinder, die Sie dieses Jahr unterrichten, dieselbe Erfahrung machen können.

* * *

Ein Wort zu den Affirmationen

Am Ende jedes Wochenplanes in diesem Buch finden Sie eine Affirmation (in Verbindung mit einer Zeichnung). Wir erschaffen unsere Realität mit unseren Gedanken. Wenn wir in der "wirklichen Welt" etwas ändern wollen, tun wir das zunächst in unseren Gedanken. Wir können unser bewußtes Denken verändern, aber es ist nicht so einfach, unsere unbewußten Gedanken zu ändern. Indem wir eine Affirmation, eine positive Aussage (Selbstbestärkung), öfter wiederholen, entdecken wir unsere unbewußten Reaktionen auf diesen positiven Gedanken. Wiederholen Sie die Affirmation immer wieder und achten Sie auf Ihre inneren Antworten. Wenn diese Antworten beginnen, der Affirmation zuzustimmen, ändert sich unsere Überzeugung *(belief)*, und damit werden auch in unserem Leben Veränderungen eintreten. Wenn Sie einen Gedanken finden, der weiterhin beständig widerspricht, können Sie eine Affirmation schaffen, die diesen Gedanken ändert. Ein Beispiel: Die ursprüngliche Affirmation lautet "Ich werde das *ganze* Kind unterrichten", und Sie widersprechen dauernd mit der Vorstellung: "Schule sollte Schwerarbeit sein." Dann bilden Sie eine neue Affirmation wie zum Beispiel: "Kinder lernen besser, wenn sie persönlich engagiert sind und wenn es Spaß macht", und wiederholen diese. Sobald Sie diese Affirmation akzeptiert haben, gehen Sie zur ursprünglichen Affirmation zurück.

Ihre Affirmation: *Ich werde das <u>ganze</u> Kind unterrichten!*
(Visuell, auditiv, Bewegung, Gefühl ...)

	Woche vom _____ bis _____
	Überlegen Sie sich zu den Vorschlägen in diesen Wochenübersichten jeweils Variationen oder andere Ideen. Schreiben Sie sie hier und in Ihrem Unterrichtsplan auf.
Montag	Namen lernen Vorgesehene Zeit:	Andere Dinge zum Behalten:
Dienstag	Lied: Zeit:	Andere Lieder:
Mittwoch	Kameraspiel Zeit:	Sollten Sie vergessen haben, die Karten anzufertigen, arbeiten Sie an der Tafel und verdecken Sie anschließend das Bild. Denken Sie sich im Verlauf des Spiels neue Begriffe aus.
Donnerstag	Motorische Aufgabe: Zeit:	Andere motorische Aufgaben:
Freitag	Aufgaben zum Aufbewahren und Vergleichen: Zeit:	Andere Gebiete, aus denen ich Arbeiten aufbewahren kann:

| **2. Woche** | **Schaffen Sie eine sich selbst erfüllende Prophezeiung!** |

Erkennen Sie die Kraft Ihrer Überzeugungen (*beliefs,* wörtlich: Glaubenssätze) im Falle der sich selbst erfüllenden Prophezeiung: Für eine Studie wurde eine Gruppe normal begabter Kinder in zwei Gruppen aufgeteilt und zwei Lehrerinnen zugewiesen. Der einen Lehrerin wurde mitgeteilt, sie habe "sehr begabte" Schüler, und der anderen, sie habe "weniger begabte". In einem Test am Ende des Schuljahres erzielte die erste Gruppe im Durchschnitt zwanzig Punkte mehr.

Montag   Überzeugungen

Welche Überzeugungen haben Sie in bezug auf Ihre Schüler? Denken Sie sich nur das Beste für Ihre Schüler! Setzen Sie das Ziel hoch und stellen Sie sich jeden Schüler so vor, als habe er das Ziel erreicht. Stellen Sie sich Ihre Schüler vor, wie sie am Schuljahresende sein werden – was sie alles gelernt haben, wie sie gewachsen sind, in ihrer ganzen Unabhängigkeit und mit all ihren Fähigkeiten. Nehmen Sie sich jetzt Zeit dazu und nochmals an jedem folgenden Wochentag.

Dienstag   "Störenfriede"

Zu Beginn des Schuljahres finden Lehrer sehr bald heraus, wer Führer, Helfer, Durchschnittsschüler oder Störenfried in ihrer Klasse sein wird. ("Ich habe jedes Jahr drei Störenfriede in meiner Klasse", sagt Miss Grundy. Und sie hat sie tatsächlich!) Beobachten Sie heute *die* Schüler besonders aufmerksam, die Sie als problematisch erkannt haben. Stellen Sie sich vor, daß diese sich zu verantwortungsbewußten, fähigen Schülern entwickeln. Sie betrachten sie auch weiter unter diesem Aspekt. Beobachten Sie, wie die Schüler sich dieser Vorstellung annähern.

Mittwoch   Kinder wollen lernen

Auch wenn Sie gegenteiliger Ansicht sind: Kinder wollen wirklich lernen. Versuchen Sie, sie davon abzuhalten! Sie sind eifrig und lernen die ganze Zeit. Sie sind von der Schule vielleicht so angewidert, daß sie "draußen" lernen – aber sie lernen! Betrachten Sie dieses Jahr Ihre ganze Klasse als Schüler, die lernen wollen. (Zunächst könnte es Ihnen vorkommen, als sei das die unglaublichste Sache, die Sie sich je vorgemacht haben – tun Sie es trotzdem.) Erkennen Sie den Wunsch zu lernen. Nutzen Sie ihn, verstärken Sie ihn, fordern Sie heraus. Dann haben Sie gewonnen!

Donnerstag   Alles, was sie brauchen

Von wenigen Ausnahmen abgesehen haben Ihre Schüler von Geburt an alles mitbekommen, was sie brauchen, um zu lernen, zu wachsen und sich zu fähigen, lebenstüchtigen Menschen zu entwickeln. Diese Fähigkeiten und Ressourcen treten vielleicht noch nicht offen zutage, oder sie werden in der Schule nicht genutzt, aber sie existieren. Sicher kennen sie auch Kinder, die beim Addieren vergessen, die Zehner zu übernehmen, in der Pause aber bestens über Fußballspiele Bescheid wissen. Die Fähigkeiten sind vorhanden. Es ist eine Herausforderung, die Schüler dazu zu bringen, daß sie ihre Fähigkeiten auch für schulische Aufgaben einsetzen. Achten Sie heute besonders auf die Fähigkeiten und Kenntnisse, die die Schüler noch nicht in der Schule einsetzen.

Freitag   Absichten

Wie wir alle haben Kinder gute Absichten. Aber oft besteht ein Unterschied, manchmal sogar ein recht großer, zwischen der Intention und dem Ergebnis einer Handlungsweise. Sie tun das Beste, wozu sie mit ihrem vorhandenen Wissen und ihren Wahlmöglichkeiten imstande sind. Sogar ein seltsames Verhalten macht einen Sinn, wenn wir die Gedanken der jeweiligen Person kennen.

Auch wenn wir die gute Absicht der Kinder kennen, entschuldigt das nicht ihr Verhalten. Diese Erkenntnis ist nur ein Ausgangspunkt, um den Schülern zu helfen, angemesseneres Verhalten zu entwickeln. Wenn Sie heute mit dem unangebrachten Verhalten eines Kindes konfrontiert werden, denken Sie daran, daß es eine positive Absicht hat. Helfen Sie ihm, ein passenderes Verhalten zu entwickeln.

Ich schaffe mir meine eigene sich selbst erfüllende Prophezeiung.

		Woche vom _____ bis _____
Montag	Meine Überzeugungen	Am Schuljahresende wird meine Klasse ...
Dienstag	"Störenfriede"	Folgende Kinder werden verantwortungsbewußte, fähige Schüler: 1. 2. 3. 4.
Mittwoch	Vorstellung: Kinder wollen lernen	Folgendes ist mir aufgefallen und zeigt mir, daß meine Schüler lernen wollen: 1. 2. 3. 4.
Donnerstag	Alles ist vorhanden!	Verborgene Fähigkeiten der Kinder:
Freitag	Positive Absicht	Positive Absichten, die ich erkannt habe: 1. 2. 3. 4.

3. Woche — Ein Erfolg zieht weitere Erfolge nach sich

Sie werden mehr von dem erreichen, worauf Sie Ihre Aufmerksamkeit richten!

Montag — **Erfolgsmappe**

Lassen Sie eine Erfolgsmappe für die Woche anlegen. Falten Sie ein DIN-A3-Blatt. Auf die Innenseite werden die Wochentage geschrieben, daneben bleibt eine Spalte für die Erfolge. Ermutigen Sie die Kinder, die Arbeiten zu sammeln, bei denen sie Erfolg hatten. Auf die Außenseite der Mappe lassen Sie die Schüler "Ich bin erfolgreich" oder ähnliche Sätze ihrer Wahl schreiben und die übrige Fläche ausmalen.

Dienstag — **Zeit zum "Prahlen"**

Geben Sie Zeit zum "Prahlen". Zählen Sie eigene Erfolge und Erfolge von Schülern der Klasse auf, um so einen Anstoß zu geben. Lassen Sie die Kinder wissen, daß es in Ordnung ist, sich zu rühmen. Bitten Sie die Kinder, von ihren Erfolgen zu erzählen. Ermuntern Sie sie, die Erfolge anderer anzuerkennen: *Auf dieser Welt ist genug Platz, so daß jeder Erfolg haben kann. Die Erfolge anderer machen auch für dich das Leben angenehmer und machen es dir leichter, erfolgreich zu sein.*

Mittwoch — **Anderen Komplimente machen**

Ermuntern Sie die Kinder, auf die Erfolge anderer zu achten und sie zu kommentieren. Üben Sie das Annehmen von Komplimenten und das Dankesagen. (Vielleicht ist es nötig, den Kindern erkennen zu helfen, wie sie andere herabsetzen und daß sie damit aufhören sollten.

Donnerstag — **Erfolgsbilder**

Lassen Sie die Kinder von ihren Erfolgen Bilder malen, die entweder im Klassenzimmer oder bei den Kindern zu Hause aufgehängt werden können.

Freitag — **Erfolgsbuch für das ganze Jahr**

Legen Sie ein Buch für die Erfolge des ganzen Jahres an. Wenn die Kinder noch nicht schreiben können, lassen Sie sie Bilder von ihren Erfolgen malen. Beginnen Sie mit vergangenen Erfolgen, die für die Kinder wichtig sind. Die Kinder entscheiden selbst, was dazugehört. Das Erfolgsbuch kann entweder untereinander ausgetauscht werden oder auch privates Geheimnis bleiben. (Übrigens: Legen Sie auch für sich selbst ein Erfolgsbuch an!)

Entspannen Sie sich und tauchen Sie in Ihrer eigenen schöpferischen Quelle nach weiteren Anwendungsmöglichkeiten für die Aussage, daß ein Erfolg weitere Erfolge nach sich zieht.

Ich erkenne meine eigenen Erfolge und die Erfolge anderer an.

	Woche vom _____ bis _____		
		Meine eigenen Ideen	**Meine Erfolge**
Montag	Erfolgsmappe Zeit:	*Schreiben Sie Ihre Ideen hier <u>und</u> in Ihrem täglichen Unterrichtsplan auf.*	
Dienstag	Zeit zum "Prahlen" Zeit:		
Mittwoch	Anderen Komplimente machen Zeit:		
Donnerstag	Erfolgsbilder Zeit:		
Freitag	Erfolgsbuch Zeit:		

| 4. Woche | **Betrachten Sie Ihre Schüler als Superschüler!** |

Kinder werden so, wie sie sich verhalten. Bringen Sie ihnen bei, sich wie Superschüler zu verhalten!

Montag **Superschüler**

Besprechen Sie, wie sich Superschüler verhalten. Erwähnen Sie dabei zum Beispiel rechtzeitiges Abliefern von Arbeiten, guten Umgang mit anderen, das Verhalten gegenüber dem Lehrer, Aufmerksamkeit und Beteiligung am Unterricht, Ort und Zeit für die Ausführung der Hausaufgaben.

Die Schüler sollen Bilder sammeln, die zu ihrer Vorstellung von einem Superschüler passen. Daraus soll am nächsten Tag eine Collage gefertigt werden.

Dienstag **Wegweiser zum Schatz**

Erstellen Sie einen Wegweiser für einen Superschüler. Jeder Schüler entwirft in Form einer Collage ein Bild, wie er als Superschüler sein wird. Alle die Eigenschaften, die ihn zu einem Superschüler machen, sollten darin enthalten sein. Das Bild kann in Form einer Skizze zeigen, wie man zum Superschüler wird, es kann eine Collage sein, es kann den Superschüler in der Mitte zeigen und darum herum die Dinge, die er braucht. Hauptsache ist, daß das Bild für den Schüler etwas bedeutet. Der Schüler kann Bilder aus Zeitschriften ausschneiden oder Bilder malen.

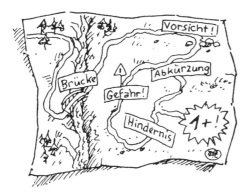
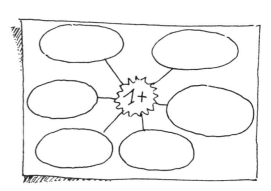

Das Kind wählt selbst den Platz, wo es diesen "Wegweiser zum Schatz" aufbewahren will, wo es ihn täglich sieht und darüber nachdenken kann – seinen eigenen Wegweiser zum Erfolg!

Mittwoch **Einen Zufluchtsort schaffen**

Erklären Sie den Kindern, was ein Zufluchtsort ist. Dann bitten Sie die Kinder zu entspannen. Sie sollen sich vorstellen, sie befänden sich an einem sicheren, bequemen Ort – an einem Platz, wo sie schon einmal waren, oder an einem Platz, den sie sich ausdenken. Sorgen Sie dafür, daß sie sich dort sicher fühlen; lassen Sie Mauern oder Wächter aufstellen. Dann zählen Sie auf, was sie alles brauchen, damit sie das, was sie tun wollen, auch erfolgreich tun – damit sie Superschüler werden. Dazu gehören zum Beispiel: ein Computer, eine Bücherei mit all den Büchern, die sie schon gelesen haben, eine "Rechtschreibmaschine", eine Schreibmaschine usw.; dazu Superhelden, die ihnen Mut einflößen und ihnen in ihren Träumen Sicherheit vermitteln. Wenn Sie die Schüler dann wieder in die Gegenwart, in die Klasse zurückkehren lassen, sagen Sie ihnen, daß sie zu jeder beliebigen Zeit wieder an ihren Zufluchtsort zurückkehren können.

Donnerstag **Ratespiel**

Lehren Sie die Kinder, beim Raten ihre eigenen Fähigkeiten einzusetzen. Spielen Sie ein Ratespiel – verwenden Sie dabei Gegenstände in der Umgebung. Wie viele Pulte stehen im Raum? Erst raten, dann zählen: Wie viele Jungen, wie viele Mädchen? Wieviel Uhr ist es? ... Die Kinder werden selbst erstaunt sein, wie gut sie raten! Kinder trauen oft dem nicht, was sie "erraten" haben; sie geben ihre Antwort nicht preis, da sie fürchten, daß sie falsch ist. Lehren Sie sie, ihrem Gefühl zu trauen – sich selbst zu vertrauen, dann sind sie eher bereit, sich am Unterricht zu beteiligen. Respektieren Sie die Aussagen der Kinder, auch wenn sie falsch sind. Sie werden sich verbessern. Ermutigen Sie sie, das Ratespiel den ganzen Tag über mit unwichtigen Dingen zu betreiben: Wie viele Risse im Gehsteig, wie viele Ampeln bis zum Laden, was wird Mutter zum Essen kochen ... ? Achten Sie auf das neugewonnene Selbstvertrauen und freuen Sie sich daran!

Freitag **Selbsteinschätzung**

Lassen Sie die Kinder heute ihre eigene Arbeit bewerten und sich selbst Noten geben. Manche Kinder werden sich strenger bewerten, als Sie es tun. Helfen Sie ihnen, ihren Standard zu lockern und ihre eigene Arbeit zu schätzen. Andere Kinder werden ihre Arbeit überbewerten. Helfen Sie diesen, ihre Leistungen und notwendige Verbesserungen richtig zu erkennen. Wieder andere sind nicht in der Lage, ein Urteil zu fällen – sie verlassen sich darauf, daß andere ihnen sagen, wie gut sie waren. Ermutigen Sie diese Schüler, damit sie sich trauen und eine Note "erraten". Tun Sie das immer wieder und helfen Sie so den Kindern, sich selbst angemessen einzuschätzen.

Ich verhalte mich wie ein Superlehrer.

		Wiederholung	Meine eigenen Erfolge diese Woche
Montag	Diskussion: Wie ein Superschüler sich verhält. Hausaufgabe: Die Schüler sollen Bilder sammeln. Zeit:	Legen Sie eine Erfolgsmappe für die Woche an. Zeit:	
Dienstag	Wegweiser zum Schatz Zeit:	Kameraspiel Zeit:	
Mittwoch	Zufluchtsort Zeit:	Zeit zum "Prahlen" Zeit:	
Donnerstag	Ratespiel Zeit:	Andere loben und ihnen Komplimente machen: erinnern Sie die Schüler am Morgen daran; achten Sie darauf und bestärken Sie sie darin.	
Freitag	Bewertung der eigenen Arbeit Den ganzen Tag über	Ins Erfolgsbuch schreiben Zeit:	Meine heutige Note:

Woche vom _____ bis _____

23

| 5. Woche | **Anweisungen richtig ausführen** |

Wenn Schüler Anweisungen verstehen und ausführen können, besteht die Chance, daß sie gute Schüler werden und den Anforderungen des Lebens gewachsen sind. Bevor Schüler Anweisungen ausführen können, müssen sie diese als solche erkennen. Sie müssen die Anweisungen verstehen und sich auch daran erinnern.

Montag — Aufmerksamkeitsspiel

Lehren Sie die Kinder, besser aufzupassen, wenn Sie Anweisungen geben. Geben Sie ihnen ein Signal, zum Beispiel: "Ich gebe euch jetzt eure Aufgaben." Nennen Sie verschiedene Signale oder Schlüsselsätze, die andere Lehrer möglicherweise verwenden. Sprechen Sie in verändertem Ton, nehmen Sie eine bestimmte Haltung ein. Machen Sie ein Spiel daraus: Wer errät als erster, daß Sie jetzt Aufgaben stellen? Der "Gewinner" ist der Schüler, der aufrecht und aufmerksam dasitzt, bereit zuzuhören. Spielen Sie dieses Spiel öfter, bauen Sie es in Ihren täglichen Ablauf ein.

Dienstag — Spiel mit Anweisungen

Ziehen Sie die Aufmerksamkeit der Schüler auf sich. Geben Sie eine klare Anleitung zum Spielverlauf.

Der Lehrer gibt mündliche Anweisungen, zum Beispiel: "John, nimm deinen Bleistift, geh zur Tür, öffne sie, spitze deinen Bleistift und geh an deinen Platz zurück!" Alle Anweisungen werden gegeben, bevor der Schüler etwas tut. Geben Sie so viele Anweisungen, wie die Schüler behalten können. Nehmen Sie dann noch eine dazu, damit die Schüler ihr Können steigern. Die Aufträge müssen genau in der richtigen Reihenfolge ausgeführt werden. Variation: Die gesamte Klasse erhält Anweisungen. (Zum Beispiel: Nehmt euer Lesebuch heraus, legt euren Bleistift darauf und steht auf!) Haben die Kinder verstanden, wie das Spiel geht, können einige selbst die Anweisungen geben.

Mittwoch — Mündliche Anweisungen im Spiel zu zweit

Sorgen Sie für Ruhe und erklären Sie das Spiel. Die Schüler sind jeweils zu zweit, sie sitzen einander gegenüber und haben eine Trennwand zwischen sich, damit A nicht sehen kann, was B tut. B zeichnet eine einfache geometrische Figur auf sein Papier und gibt A *nur mündlich* die Anleitung, damit dieser auf seinem Blatt die gleiche Figur nachzeichnen kann. B führt A mit Worten wie "links, rechts, gebogene Linie, gerade, nach oben, nach unten" usw., aber er darf dabei selbst keine Bewegungen machen. A malt nach Bs Anweisungen, B darf dabei auf das Blatt von A schauen, um seine Anweisungen zu korrigieren. Wenn A fertig ist, werden die Zeichnungen verglichen. Dann werden die Rollen vertauscht. Anschließend wird in der Klasse diskutiert, was leicht ging, was schwierig war usw.

Wenn das für Ihre Schüler zu schwierig ist, können Sie das Spiel vom Dienstag paarweise spielen und anschließend diskutieren, was bei Anweisungen wichtig ist.

Donnerstag — Schriftliche Anweisungen

Suchen Sie gemeinsam mit den Schülern in deren Büchern nach Anweisungen und lassen Sie die entsprechenden Wörter wenn möglich unterstreichen. (Alle Schüler sollten jeweils auf der gleichen Seite sein.) Schreiben Sie die Schlüsselwörter in eine Liste: Lies, schreibe, zeichne, male usw.

Geben Sie den Schülern eine kopierte Liste mit Anweisungen, schreiben Sie Anweisungen an die Tafel oder geben Sie sie mündlich. Zum Beispiel: Schreibe deinen Namen links unten auf das Blatt. Male ein Haus in die Mitte usw.

Freitag — **Schriftliche Anweisungen im Spiel zu zweit**

Sprechen Sie darüber, was bei schriftlichen Anweisungen wichtig ist. Dann erklären Sie das Spiel. Die Kinder spielen paarweise. A schreibt Anweisungen für B auf und B für A. Sie tauschen die Blätter aus und führen die Anweisungen aus. Sprechen Sie darüber, was sie dabei gelernt haben.

Sind die Kinder noch zu jung dafür, lehren Sie sie Tätigkeitswörter lesen wie zum Beispiel *sitzen, stehen, springen* usw. Danach halten Sie eine Karte mit dem entsprechenden Wort hoch, und die Kinder tun, was der Begriff verlangt. Oder singen und spielen Sie mit den Kindern Lieder, die viele Anweisungen zu Tätigkeiten (zum Mitmachen) enthalten. (Im Englischen zum Beispiel *Simon says ...*)

Ich lenke die Aufmerksamkeit der Kinder auf mich und gebe klare Anweisungen.

		Wiederholung	Meine Erfolge
	Woche vom _____ bis _____		
Montag	Aufmerksamkeitsspiel Den ganzen Tag über	Ratespiel Zeit:	
Dienstag	Spiel mit Anweisungen Zeit:	Lieder: (nehmen Sie Lieder, die Anweisungen enthalten) Zeit:	Na also!
Mittwoch	Mündliche Anweisungen im Spiel zu zweit Zeit:	Spielen Sie *Simon says* oder ähnliches Zeit:	Super
Donnerstag	Schriftliche Anweisungen Zeit:	Phantasiereise zum Zufluchtsort – bauen Sie ein Signal ein, das auf Anweisungen aufmerksam macht Zeit:	1+
Freitag	Schriftliche Anweisungen im Spiel zu zweit Zeit:	Ins Erfolgsbuch schreiben Zeit:	Toll!

| 6. Woche | **Visuelles Gedächtnis – Schlüssel zur Rechtschreibung** |

Sie unterrichten nun bereits einige Wochen Rechtschreibung, und vielleicht errei-chen Ihre Schüler in den Tests gute Resultate. Diese Woche konzentrieren Sie sich darauf, den Kindern beizubringen, *wie* man buchstabiert, und Sie werden beob-achten, wie die Ergebnisse sich verbessern. Die notwendigen grundlegenden Fä-higkeiten sind ein visuelles Gedächtnis und eine Methode, um herauszufinden, ob ein Wort richtig geschrieben ist. Phonetisches Buchstabieren ist für viele Wörter "guut", aber im Englischen reicht das für zu viele Wörter nicht.

Montag — Visuelle Vorstellung

Machen Sie Ihren Schülern bewußt, daß sie innere Bilder sehen, und lehren Sie sie, sich an solche visuellen Vorstellungen zu erinnern. Fordern Sie die Schüler auf, sich an ihr Zimmer zu Hause zu erinnern. Welche Farbe hat der Fußboden, die Bettdecke, die Wand?

Dann lassen Sie einen Schüler nach vorne kommen, den die anderen genau betrachten sollen. Bitten Sie ihn, den Raum zu verlassen, und lassen Sie sich im Detail beschreiben, wie er gekleidet ist.

Bitten Sie dann die Kinder, ihre Augen zu schließen und sich ein rotes Viereck vorzustellen, dann einen grünen Kreis rechts daneben und wieder daneben ein blaues Dreieck. Dann fragen Sie: "Was kommt zuerst, was als zweites, als drittes?" Denken Sie sich so viele Formen wie möglich aus. Üben Sie mit Formen, Zahlen, Buchstaben, Wörtern usw.

Dienstag — Farbspiel

Material: große Demonstrationskarten mit aufgemalten Sternen. Die Form der Sterne ist immer gleich, aber jeder Stern hat eine andere Farbe.

Methode: Halten Sie drei (oder mehr) Karten hoch. Nehmen Sie sie wieder herun-ter. Fragen Sie die Kinder nach der Reihenfolge der Farben. Zeigen Sie die Karten noch einmal, wenn Fehler gemacht werden. Machen Sie dieses Spiel entweder in einer großen Gruppe oder lassen Sie die Schüler die Karten selbst anfertigen und miteinander spielen. Ermutigen Sie sie, so viele Karten wie möglich zu nehmen.

Mittwoch — Gedächtnisbank

Kinder können schon viele Wörter richtig schreiben, die sie gelesen haben. Zeigen Sie ihnen, wie viele Wörter sie schon können. Lesen Sie ihnen aus ihrem Lesebuch einen Satz oder einen Abschnitt vor. Während Sie lesen, lassen Sie die Schüler die Wörter aus dem Gedächtnis mitschreiben. Danach lassen Sie das Geschriebene mit Hilfe des Buches überprüfen. Die Schüler werden erstaunt sein, wie viele Wör-ter sie schon durch das Lesen richtig zu schreiben gelernt haben. Stellen Sie sich vor, wie viele sie dann am Ende des Jahres können. Machen Sie ihnen klar, daß sie Wörter, wann immer sie wollen, in ihre Gedächtnisbank geben können. Dabei tun sie nichts anderes, als sich eine visuelle Vorstellung des Wortes in ihrem Ge-dächtnis einzuprägen,– genau das, was sie am Montag gemacht haben.

Donnerstag — Korrektur lesen

Einige Kinder schreiben immer wieder kurze Wörter falsch, oder sie schreiben sie einmal richtig und einmal falsch. Sie brauchen eine Strategie, um zu wissen, ob die Wörter richtig geschrieben sind. Fordern Sie die Schüler auf, sich das geschrie-bene Wort anzusehen und mit dem visuell gespeicherten Wort zu vergleichen. Manche Menschen bekommen ein Gefühl dafür, was richtig oder falsch ist. Geben Sie den Schülern genug Übungszeit, damit sie eine eigene Korrekturstrategie entwickeln können. Bilden Sie Paare für einen Wettbewerb. Jedes Kind schreibt einen Satz oder eine Geschichte, die es seinem Partner zur Korrektur übergibt. Der Text wird korrigiert, indem die falsch geschriebenen Wörter umkreist werden. Bewertung: Jedes korrekt angestrichene Wort ist ein Punkt. Bei fälschlich angestrichenen Wörtern wird ein Punkt abgezogen, ebenso wenn ein Fehler nicht angestrichen wurde. Gewinner ist der Schüler mit den meisten Punkten.

Mit der Zeit werden die Kinder entdecken, daß sie "gewinnen" können, wenn sie die Wörter gleich richtig schreiben (während sie gleichzeitig lernen, eine falsche Schreibweise zu erkennen).

Freitag — Mathematik mit der Kamera

Spielen Sie das Kameraspiel (aus der ersten Woche) und nehmen Sie Begriffe aus der Mathematik. Helfen Sie den Schülern darüber hinaus, stolz zu sein auf das, was sie gelernt haben. Betonen Sie, daß die Wörter, die sie diese Woche gelernt haben, wichtig waren. Lassen Sie jede Woche die neuen Wörter in eine Liste aufschreiben, lassen Sie ein größeres Heft anlegen: "Wörter, die ich in der ... Klasse gelernt habe". Geben Sie den Kindern eine Urkunde für gute Rechtschreibung mit nach Hause oder etwas anderes, was zu Ihrem Stil paßt und der Klasse gefällt.

Arbeitshilfe: Das Buch *Put Your Mother On The Ceiling* von Richard de Mille enthält visuelle Imaginationsübungen zum lauten Vorlesen. (Deutsche Ausgabe: *Setz Mutter auf den Tiger*; siehe Literaturverzeichnis)

Ich lehre die Kinder, <u>wie</u> man lernt.

	Woche vom _____ bis _____	**Andere Ideen für visuelle Vorstellungsübungen**
Montag	Visuelle Vorstellung Zeit:	Lesen Sie den Kindern eine Geschichte vor. Sie sollen sich einen Film zu dem von Ihnen gelesenen Text vorstellen.
Dienstag	Farbspiel Zeit:	Gemeinschaftskunde: Lassen Sie die Schüler die Augen schließen, während Sie sie auf eine Phantasiereise in die Zeit oder an den Ort führen, die gerade behandelt werden.
Mittwoch	Gedächtnisbank Zeit:	Aufsatz: Sprechen Sie über das fotografische Gedächtnis. Die Schüler schreiben auf, was sie tun würden, wenn sie diese Fähigkeit besäßen.
Donnerstag	Korrektur lesen Zeit:	Nach ihrer mathematischen Begabung in Paare aufgeteilt, geben sich die Schüler gegenseitig Aufgaben zum Kopfrechnen.
Freitag	Kameraspiel mit Mathematik Zeit:	Eine Wörterliste, eine Urkunde oder eine Mappe mit den gelernten Wörtern

7. Woche — Auditives Gedächtnis

Kinder werden oft aufgefordert, sich etwas zu merken. Das ist grundsätzlich eine Tätigkeit des auditiven Gedächtnisses, und es fällt den Schülern oft leichter, sich an etwas zu erinnern, wenn sie sich von dem Inhalt, den sie sich merken sollen, eine visuelle Vorstellung machen. Während Sie mit Ihren Schülern diese und andere Gedächtnisübungen durchführen, sollten Sie sie dazu ermutigen, ihre visuelle Vorstellungskraft und ihr visuelles Gedächtnis zu gebrauchen.

Montag — Auditive Unterscheidung

Um etwas genau zu behalten, müssen die Kinder zunächst in der Lage sein, die Laute zu unterscheiden. Dieses Spiel ist sowohl zum Training als auch zum Testen geeignet. Der Lehrer sagt zwei Wörter oder Sätze (dem Fortschritt der Klasse angepaßt), und die Schüler finden heraus, ob sie gleich oder verschieden sind; sie schreiben entweder Buchstaben (G für *gleich* und U für *unterschiedlich*) auf oder geben mit der Hand ein Zeichen.

Beispielwörter in Deutsch: Heu – Scheu, kalt – kalt, Meise – Reise, Junge – Zunge, Base – Vase ...

Dienstag — Kassettenrekorderspiel

Die Kinder machen einen Kassettenrekorder nach; Sie sagen eine Folge von Zahlen, Buchstaben, oder Wörtern, und die Kinder wiederholen sie genau. Wenn sie das Spiel kennen, können sie paarweise spielen. Nach einiger Zeit bitten Sie die Schüler, einen Videorekorder zu spielen. Sprechen Sie anschließend darüber, ob die visuelle Vorstellung hilfreich war.

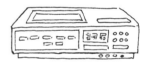

Mittwoch — Gedichte lernen

Jeder Schüler wählt ein Stück Text zum Auswendiglernen. Das geht am besten, wenn sie aus jeder Zeile ein wichtiges Wort oder einen Gedanken auswählen und als Merkwort für die Zeile aufschreiben. Dann sollen sich die Schüler eine visuelle Vorstellung zu den herausgeschriebenen Wörtern bilden und üben, bis sie den Text auswendig können. Bestimmen Sie einen der nächsten Tage (Freitag?) zum Aufsagen der gelernten Texte. Sind die Kinder noch zu jung, arbeiten Sie in der Gruppe und nehmen Bilder statt Wörter.

Donnerstag — Gedächtnishilfen

Diese Technik ist zum Lernen von Wörterlisten geeignet. Als erstes sollten Sie die Gedächtnishilfen auswendig lernen lassen. (Anmerkung der Übersetzerin: Die folgenden, von der Autorin vorgeschlagenen Hilfswörter bilden im Englischen mit den Zahlen von 1 bis 10 einen Reim: 1. *bun*, 2. *shoe*, 3. *tree*, 4. *door*, 5. *hive*, 6. *sticks*, 7. *heaven*, 8. *gate*, 9. *dine*, 10. *den*. Im Deutschen sind Reimwörter zu den Zahlen nicht leicht zu finden; es bieten sich daher eher den Kindern geläufige Symbole an, zum Beispiel für 1 ein Eis, für 2 ein Fahrrad usw.)

1. Eis
2. Fahrrad (mit 2 Rädern)
3. Papiermütze (*drei*eckig) usw.

Damit sich die Schüler die Hilfen merken, lassen Sie sie ein Bild zu jedem Wort finden. Wählen Sie andere Wörter, wenn die Klasse das möchte.

Wenn die Schüler die Hilfswörter können, geben Sie ihnen eine Liste mit zehn schwierigen Wörtern zum Lernen und Üben. Zum Beispiel: *Katze, Tatze, Glatze, Fratze, Platz, Schatz, Latz, Kratzer ...* Alles ist möglich. Die Schüler können auch selbst eine Liste aufstellen.

Dann schaffen Sie ein Bild des ersten Wortes zusammen mit der ersten Gedächtnisstütze, also zum Beispiel: eine Katze, die ein Eis leckt; für das zweite Wort: ein Bär, der mit *einer* Tatze auf dem Fahrradsattel Handstand macht; für das dritte Wort: ein Glatzkopf mit Papiermütze usw.

Wenn die Schüler diese Technik beherrschen, geben Sie ihnen Stoff aus dem Lehrplan, also Staaten, Zeittafeln, Namen usw.

Freitag — Sekretär- oder Diktaphonspiel

Die Kinder tun sich paarweise zusammen, am besten mit Partnern ähnlichen Leistungsstandes. Sie spielen für den anderen Sekretärin in einem kreativen Schreibprojekt. Einer diktiert laut, während der andere schreibt. Der Schüler, der sich den Text überlegt, kann das besser tun, wenn er nicht gleichzeitig auf die richtige Schreibweise achten muß. Der schreibende Schüler bekommt Übung darin, sich beim Buchstabieren und Schreiben Wörter zu merken – und er hat einen Freund, der ihm gegebenenfalls weiterhilft.

Sind die Schüler zu jung, nehmen Sie das "Spiel mit Anweisungen" aus der fünften Woche.

Ich bringe den Kindern bei, <u>wie</u> man lernt, und übe es mit ihnen.

		Wiederholung: Visuelles Gedächtnis	Lieder für diese Woche
Montag	Auditive Unterscheidung Zeit:	Kameraspiel Zeit:	
Dienstag	Kassettenrekorderspiel Zeit:	Farbspiel Zeit:	
Mittwoch	Gedichte oder Prosa lernen Zeit:	Korrektur lesen Zeit:	
Donnerstag	Gedächtnishilfen Zeit:	Praktische Anwendung von Gedächtnishilfen Stoffgebiet: Zeit:	
Freitag	Sekretär- oder Diktaphonspiel Zeit:	Vortrag der gelernten Texte Zeit:	

Woche vom _____ bis _____

| **8. Woche** | **Ihre Vorstellung von der Welt** |

Wir reagieren unaufhörlich auf alles, was in unseren Köpfen vor sich geht und was wir um uns herum spüren. Wir erfahren jedoch nur die Dinge *bewußt*, auf die wir gezielt unsere Aufmerksamkeit richten oder auf die unsere Aufmerksamkeit gelenkt wird. Kinder lernen die Dinge, mit denen wir sie auf der bewußten Ebene erreichen (gutes oder schlechtes Benehmen!).

Montag **Aufmerksamkeit**

Gewinnen Sie die Aufmerksamkeit der Schüler! Wenn ein Kind sich nach innen zurückgezogen hat, kann es nicht aufnehmen, was draußen vor sich geht – nämlich den Unterricht. Der Unterrichtsstoff kommt vielleicht beim Schüler an, aber er wird ihn nicht aufnehmen oder etwas davon lernen.

Nehmen Sie irgendeines der für heute vorgesehenen Themen. Sorgen Sie für Aufmerksamkeit und beginnen Sie. Beteiligen Sie die Kinder so viel wie möglich, um ihre Aufmerksamkeit zu erhalten. Variieren Sie Ihr Vorgehen, so daß Sie auditive, visuelle und kinästhetische Erfahrungen ermöglichen.

Dienstag **Die Menschen sind verschieden**

Die Menschen schaffen sich ihre eigene Vorstellung *(illusion)* von der realen Welt, indem sie ihre Wahrnehmungen der äußeren Welt mit ihrem eigenen Denken verbinden. Die "Illusion" eines jeden Menschen ist anders! Einige der seltsamen Dinge, die Menschen tun, ergeben einen Sinn, wenn wir ihre Sichtweise der Welt verstehen.

Stellen Sie den Kindern Fragen, bei denen Sie annehmen, daß Sie auf sehr unterschiedliche Meinungen stoßen werden: Wie sollten Eltern ihre Kinder erziehen? Was hältst du von der Schule? Von Mathematik? Lesen? Pausen? ... Nehmen Sie Themen, die für ein angeregtes Gespräch sorgen. Helfen Sie ihnen bei der Erkenntnis, daß die Menschen unterschiedlich denken.

Mittwoch **Interviews**

Sprechen Sie über mögliche Fragen, die die Kinder stellen könnten, um herauszufinden, wie sich ein anderer die Welt vorstellt. Klären Sie mit ihnen, was *Privatsphäre* ist und was eine Verletzung dieser Privatsphäre bedeutet. Helfen Sie ihnen, taktvoll zu bleiben. (Alternativ: Die Kinder suchen sich ein anderes Kind, von dem sie annehmen, daß es anders ist als sie. Sie sollen herausfinden, wie der andere denkt und wie er die Welt sieht.)

Hausaufgabe: Die Kinder suchen sich eine ihnen bekannte Person, die vom Alter her unterschiedlich ist, dem anderen Geschlecht angehört oder unter ganz anderen Umständen lebt, und befragen sie nach ihrem Leben.

Donnerstag **Wie wäre es, wenn ...**

Die Kinder wählen ein Tier, eine Pflanze oder einen Gegenstand aus und stellen sich vor, wie es wäre, wenn sie das gewählte Objekt wären. Führen Sie sie durch ihre Phantasie mit Fragen wie: "Wo bist du? Was fühlst du? Kannst du dich bewegen oder sprechen? Wenn du ißt, wie schmeckt das? Was machen die Menschen mit dir?" Lassen Sie die Schüler ein Bild malen oder eine Geschichte darüber schreiben, wie es ist, etwas anderes zu sein. Die Arbeiten werden anschließend gezeigt und besprochen.

Freitag   **Lernen**

Es ist nützlich, so zu tun, als sei unsere Sicht der Welt wahr, und sie dann zu verändern, wenn wir neue Informationen erhalten. Dies ist eine Methode, um zu lernen. (Die Probleme beginnen dann, wenn sich Menschen trotz gegenteiliger Informationen an ihre Illusionen klammern.) Erklären Sie das. Fragen Sie die Kinder nach einem Beispiel aus der Zeit, als sie noch jünger waren, wie sie aus einem Fehler gelernt oder eine falsche Meinung korrigiert haben. Oder Sie fragen danach, ob sie das schon einmal bei anderen Menschen beobachtet haben. Lassen Sie sie diese Geschichten erzählen.

Arbeitshilfe: Richard Bandler / John Grinder: *Frogs into Princes*; deutsch: *Neue Wege der Kurzzeit-Therapie. Neurolinguistische Programme* (s. Literaturverzeichnis)

Wir müssen nicht die Welt verändern, ...   *... aber wir können unsere Sicht der Welt verändern.*

	Woche vom _____ bis _____	
Montag	Aufmerksamkeit	Die Aufmerksamkeit der Kinder konnte gewonnen werden durch:
Dienstag	Die Menschen sind verschieden Zeit:	Fragen für die Diskussion:
Mittwoch	Interviews Zeit:	Auch Sie interviewen heute eine Kollegin oder einen Kollegen!
Donnerstag	Wie wäre es, wenn ... Zeit:	Wie wäre es, wenn ich ein Schüler, eine Schülerin wäre?
Freitag	Lernen Zeit:	Illusionen, die ich hatte (und aufgegeben habe):

| **9. Woche** | # Wie wir denken

Beim Denken sprechen wir mit uns selbst, wir kreieren Bilder, wir fühlen, riechen und schmecken – in unserem Kopf. Es sind die gleichen Wahrnehmungskanäle, über die wir Informationen aus der Außenwelt hereinnehmen können. Von all den Informationen, die wir aufnehmen und durchdenken, können wir nur etwa sieben Einzelheiten gleichzeitig aufmerksam erfassen. Wir wählen aus, worauf wir achten.

Montag — Innen oder außen?

1. Bitten Sie die Kinder, aufmerksam auf das zu achten, was sie *um sich herum* sehen, hören, riechen, fühlen und schmecken. Sie sollen dies eine bis zwei Minuten lang schweigend tun und dann über ihre Eindrücke berichten.

2. Die Kinder sollen sich ruhig auf das konzentrieren, was sie *innerlich* sehen, hören, riechen, fühlen und schmecken. Sie geben ihnen dafür einige Minuten und besprechen die Eindrücke anschließend in der Klasse.

3. Bitten Sie die Kinder, eine oder zwei Minuten ruhig zu sein und darauf zu achten, ob ihre Aufmerksamkeit mehr innen oder außen ist. Diskussion. Wechseln sie sehr schnell oder bleiben sie länger in einem Bereich?

Dienstag — Bewußte Wahrnehmung

Sagen Sie den Schülern, daß Sie ihnen helfen wollen herauszufinden, wo sie mit ihrer Aufmerksamkeit sind. Lassen Sie sie eine Tabelle anlegen, in der sie markieren können, wie oft sie in Bildern, Worten oder Gefühlen denken. Sie sollen einfach auf ihre Gedanken achten, einen Strich in die entsprechende Spalte machen und dann wieder auf ihre Gedanken achten. Lassen Sie das einige Minuten unter Stillschweigen machen.

Diskussion: Einige Menschen denken überwiegend in einem Bereich – andere in allen Bereichen. Die meisten Menschen denken bei einigen Dingen in einem Bereich und bei anderen Dingen in einem anderen.

Mittwoch — Entdecken von Signalwörtern

An den Wörtern, die Menschen wählen, erkennen wir, wie sie denken. Menschen, die Wendungen wie "Schau mal" und "Wie du siehst" verwenden, denken in Bildern. Wendungen wie "Das klingt gut" oder "Das harmoniert nicht" deuten auf Denken in Klängen oder Geräuschen hin. Menschen, die in Gefühlen denken, benutzen Wendungen wie "Ich spüre" und "Das ist aber hart". Und schließlich werden Menschen, die in Gerüchen und Geschmack denken, Wörter wie "eklig" oder "süß" verwenden. Haben Sie den Kindern das erklärt, suchen Sie mit ihnen weiter nach Wörtern, die auf Denken in den jeweiligen Bereichen hinweisen. Machen Sie aus ihren Listen eine Tabelle für den zukünftigen Gebrauch. (s. S. 37)

Donnerstag — Suche nach Signalwörtern

Fragen Sie die Kinder, ob ihnen aufgefallen ist, wie Leute Signalwörter aus der Liste benutzten. Sprechen Sie darüber. Um die Aufmerksamkeit anzuregen, lassen Sie drei Sätze aufschreiben, in denen die Kinder sagen, was sie mögen oder nicht mögen, und warum. Dann suchen Sie in den Sätzen Signalwörter. Wenn die Kinder zum Schreiben noch zu jung sind: Jemand soll in der Gruppe über etwas erzählen, was er mag oder auch nicht. Die übrigen achten auf Signalwörter. Loben Sie den Schüler, der die Signalwörter benutzt hat, und die Klasse, daß sie sie gefunden hat. Sagen Sie ihnen, daß alle Menschen Signalwörter benutzen. So teilen wir anderen mit, was wir denken, was wir möchten. Unsere Chance, etwas zu bekommen, ist besser, wenn andere Menschen uns verstehen.

Signalwörter

Visuell	Auditiv	Kinästhetisch	Geruch, Geschmack
klar	hören	fühlen	bitter
blicken auf	verstärken	warm	salzig
Vorstellung	tönen	handhaben	duftend
Einblick	klingen	ergreifen	Geruch
Ansicht	Sprichwort	gespannt	schal
Erscheinen	zuhören	geschmeidig	Geschmack
vage	sprechen	rauh, hart	süß
Blitz	Resonanz	in Verbindung	frisch
Perspektive	Schrei	weh	sauer
glänzend	rufen	scharf	
zeigen	Tonfall	schneidend	
offensichtlich	mit anderen Worten	kalt	

Freitag — Signalwörter anwenden

Wählen Sie einen Denkbereich (Sehen, Fühlen usw.), beschreiben Sie ein Ereignis, das kürzlich stattgefunden hat, und verwenden Sie Wörter aus dem gewählten Bereich. Die Klasse soll erraten, welcher Bereich das war. Dann beschreiben Sie das gleiche Ereignis mit Wörtern aus einem anderen Bereich. Wieder raten die Schüler. Haben sie verstanden, wie das Spiel geht, wählen die Schüler selbst den Bereich und erzählen einer Gruppe, oder sie spielen in Dreiergruppen, wobei Sprecher und Zuhörer abwechseln.

Arbeitshilfen: The Centering Book, The Second Centering Book, Left Handed Teaching (vgl. Literaturverzeichnis)

Ich weiß es zu schätzen, daß jeder Mensch in seiner Art, wie er die Welt erfährt und wie er denkt, einzigartig ist.

	Woche vom _____ bis _____	
		Übungen für *Sie:*
Montag	Innen oder außen? Zeit:	Nehmen Sie sich drei Minuten Zeit zum Beobachten: Bin ich eher außen oder innen?
Dienstag	Bewußte Wahrnehmung Zeit:	Drei Minuten zur Selbstbeobachtung: Wie oft denke ich visuell, auditiv, kinästhetisch?
Mittwoch	Entdecken von Signal-wörtern Zeit:	Hören Sie jemandem zu: Welche Signalwörter bevorzugt er/sie?
Donnerstag	Suche nach Signal-wörtern Zeit:	Hören Sie noch jemandem zu: Welche Signal-wörter bevorzugt er/sie?
Freitag	Signalwörter anwenden Zeit:	Meine meistgebrauchten Signalwörter sind:

| 10. Woche | **Wissen, wie andere denken** |

Die Signalwörter, die Menschen wählen, zeigen oft, auf welche Weise sie Informationen aufnehmen: gewöhnlich auditiv, visuell oder kinästhetisch. Leute, die auf die gleiche Art "denken", verstehen einander leichter. Probieren Sie für sich selbst aus, wieviel leichter Sie Leute verstehen, deren Wortwahl zu Ihrer Art zu denken paßt. Im Unterricht sollten Sie *alle* Methoden anwenden und lehren.

Montag   **Visuelles Denken**

Visuell denkende Menschen können an viele Dinge gleichzeitig denken. Sie denken in Bildern. Bilder repräsentieren Gedanken. Sie können sich viele Gedanken gleichzeitig bildlich vorstellen und diese Bilder bewegen, um zu denken – sie hintereinander reihen, mehr Bilder hinzufügen, aus zwei Bildern eines machen, ein Bild verändern usw. Die Möglichkeiten sind endlos. Kinder, die gut sind, wenn es um abstrakte Ideen, um Mathematik, Worterkennung, Rechtschreibung, Begründen, Problemlösen, sozialen Umgang und nonverbale Kommunikation geht, denken wahrscheinlich sehr gut visuell. Benutzen Sie die genannten Bereiche, um visuelles Denken zu lehren. Stellen Sie Gedanken durch Bilder dar. Wählen Sie für heute ein Gebiet aus, um mit dem Unterricht in visuellem Denken zu beginnen.

Dienstag   **Auditives Denken**

Auditives Denken ist linear, in einer Linie, ein Gedanke folgt auf den anderen. Auditiv denkende Menschen denken in einem bestimmten Augenblick nur *einen* Gedanken und gehen dann zum nächsten weiter. Das ist langsameres, aber gründlicheres Denken. Kinder, die gut sind im Leseverständnis von Texten, beim Befolgen von Anweisungen, im freien Aufsatz, im verbalen Ausdruck und in verbaler Kommunikation, sind wahrscheinlich gut im auditiven Denken. Nehmen Sie die genannten Bereiche, um auditives Denken zu unterrichten. Helfen Sie den Schülern, langsamer zu werden und jeweils nur *einen* Gedanken zu betrachten. Legen Sie Wert auf Verständnis, auf Befolgung der Anweisungen und auf Begründung. Wählen Sie heute ein Gebiet aus, um auditives Denken zu unterrichten.

Mittwoch   **Kinästhetisches Denken**

Kinästhetisch denkende Menschen vertrauen auf ihre Gefühle, ihre Eingebungen und ihre Intuition. Sie "wissen" etwas eher, als daß sie es "durchdenken". Sie können sich intensiv auf etwas einlassen und sich trotz Ablenkungen konzentrieren. Sie bringen ihre Gefühle zum Ausdruck, indem sie sich selbst darstellen, durch die Kunst, durch Schreiben usw. Helfen Sie Ihren Schülern, auf ihre Vermutungen und Eingebungen zu vertrauen. Stellen Sie Fragen und diskutieren Sie über Dinge, bei denen es nicht nur eine einzige Antwort gibt, bei denen Vermutungen und Meinungen gefragt sind. Wählen Sie für heute ein Thema aus und bereiten Sie es so auf, daß kinästhetisches Denken angesprochen ist.

Donnerstag   **Erkennen Sie die bevorzugte Denkmethode Ihrer Schüler!**

Finden Sie anhand der bevorzugt benutzten Wörter die Denkweise Ihrer Schüler heraus. Wiederholen Sie gebräuchliche Signalwörter aus der letzten Stunde. Schreiben Sie die Namen der Schüler in die entsprechende Spalte.

Auditiv	**Visuell**	**Kinästhetisch**

Freitag   **Augenhinweise**

Wenn Kinder nachdenken, kann auch die Richtung ihres Blicks auf ihre Denkweise hindeuten. Denken sie visuell, schauen sie gewöhnlich nach oben. (Das bedeutet nicht notwendigerweise, daß sie träumen.) Schauen sie zur Seite oder nach unten links, denken sie wahrscheinlich auditiv. Blicken sie nach rechts unten oder bewegen sie sich dabei, denken sie kinästhetisch. Schreiben Sie die Namen der Schüler, die Sie beobachtet haben, in die betreffende Spalte.

Auditiv	Visuell	Kinästhetisch

Was ergibt sich aus dem Vergleich mit den gestrigen Ergebnissen?– Wenn Sie bemerken, daß Kinder nachdenken, kann das bedeuten, daß sie die von Ihnen gegebene Information verarbeiten. Lassen Sie sie in Ruhe diesen Vorgang zu Ende führen. Wenn sie wieder nach "außen" kommen, können Sie fortfahren.

Augenhinweise

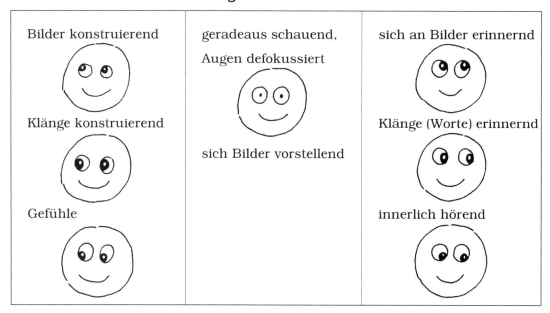

Ich achte auf nonverbale Hinweise.

	Woche vom _____ *bis* _____	
Montag	Visuelles Denken	Fachgebiet: Ich werde: Zeit:
Dienstag	Auditives Denken	Fachgebiet: Ich werde: Zeit:
Mittwoch	Kinästhetisches Denken	Fachgebiet: Ich werde: Zeit:
Donnerstag	Auf Signalwörter achten	Achten Sie im Lehrerzimmer oder bei einem Fernsehinterview auf die Signalwörter eines Menschen.– Ich habe festgestellt:
Freitag	Augenhinweise	Finden Sie im Lehrerzimmer oder im Fernsehen die bevorzugte Denkweise einer Person heraus, indem Sie die Augen beobachten, während er/sie nach-denkt. Ergebnis:

11. Woche — Menschen erreichen

Die meisten Menschen wählen *einen* Bereich sinnlicher Wahrnehmung als ihren *primären* Aufnahmekanal für Informationen (ihre bevorzugte "Modalität"). Sie als Lehrer haben vielleicht eine bevorzugte Modalität für Ihren Unterricht. Werden Sie flexibel, damit Sie *alle* Kinder erreichen können: jene, die "sehen" müssen, was Sie sagen, jene, die Sie "hören" müssen, und diejenigen, die Sie "verstehen" wollen.

Montag — Visuell

Arbeiten Sie viel mit Ihrer Mimik, verwenden Sie Zeichnungen, Bilder, Übersichten und die gute alte Tafel. Heben Sie die wesentlichen Punkte hervor, indem Sie Stichworte an die Tafel schreiben, von der Sie vorher alles andere entfernt haben. Visuelle Schüler reagieren, wenn Sie Ihnen mit Ihrer Miene Lob oder Tadel übermitteln. Bedenken Sie, wie sehr Sie ein Kind durch ein Lächeln ermutigen können!

Denken Sie heute daran, wie Sie Ihren Unterricht visuell bereichern können. Lassen Sie etwas weg, was Sie üblicherweise tun, und unterrichten Sie stattdessen mehr visuell.

Dienstag — Auditiv

Nicht nur *was* Sie sagen, sondern auch *wie* Sie es sagen, hat eine große Wirkung auf auditive Kinder. Sie können Ihre Stimme sehr wirkungsvoll einsetzen. Experimentieren Sie – legen Sie Tadel, Ermutigung, Aufregung, Respekt usw. in Ihre Stimme. Sie können eine sonst recht langweilige Unterrichtsstunde durch Modulieren mit der Stimme sehr anregend gestalten (und damit die Aufmerksamkeit der auditiven Schüler fesseln). Experimentieren Sie auch mit Ihrer Sprechgeschwindigkeit: schneller werden, langsamer werden – passen Sie sich zunächst der Geschwindigkeit Ihrer Schüler an, und werden Sie langsamer, wenn es darum geht, daß etwas gelernt wird. Achten Sie heute besonders auf Ihre Stimme. Überlegen Sie, was Sie heute ausprobieren oder anders machen wollen. Ein Vorschlag für den Anfang wäre zum Beispiel: Vorlesen einer Geschichte mit veränderter Stimme.

Mittwoch — Kinästhetisch

Für kinästhetische Kinder ist es wichtig, wie sie sich fühlen und was sie empfinden. Diese Kinder müssen sich wohl fühlen, damit sie aufmerksam sein können. Sie achten sehr auf die Gefühle der Charaktere, über die sie gerade lesen. Es kommt vor, daß sie sich ganz und gar mitreißen lassen und begeistert sind, oder sie langweilen sich und zappeln herum. Sie möchten Interesse und Anteilnahme empfinden für das, was sie tun. Sie lernen gut durch Spiele und aufregende Geschichten, oder wenn sie an die Tafel schreiben oder Experimente durchführen dürfen. Statt aber immer nur zu versuchen, für sie alles interessant zu gestalten, können Sie sie auch an der Unterrichtsgestaltung beteiligen und ihnen dadurch Anregung verschaffen. Nehmen Sie ein Thema aus Ihrem Unterrichtsplan und bereiten Sie für heute eine Stunde vor, die diese Beteiligung ermöglicht.

Donnerstag — Auf (bevorzugte) Modalitäten achten

Sie können den bevorzugten Aufnahmekanal für Informationen herausfinden, wenn Sie darauf achten, wohin ein Kind als erstes schaut, nachdem Sie eine allgemeine Frage gestellt haben (die keine *bestimmte* Antwort *nur* mit Hilfe des Sehens, Hörens *oder* Fühlens erfordert). Wenn der Schüler nach oben blickt, "schaut" er nach der Antwort. Bewegt er seine Augen zur Seite oder nach links unten, versucht er die Antwort zu "hören". Schaut er nach rechts unten und bewegt sich, "fühlt" er nach der Antwort. Achten Sie heute in Ihrer Klasse auf die bevorzugten Modalitäten Ihrer Kinder und schreiben Sie einige Namen in die jeweiligen Spalten.

Auditiv	**Visuell**	**Kinästhetisch**

Die primäre Modalität eines Menschen zur *Aufnahme* von Informationen kann eine andere sein als die Modalität, mit der er Informationen *verarbeitet*. Beispielsweise "sieht" jemand etwas und hat dann "Gefühle" dazu. Beobachten Sie, wie die Augen nach oben und dann nach rechts unten gehen. Da wir uns nicht immer dessen bewußt sind, was wir wahrnehmen, kommt es vor, daß wir Gefühle oder Gedanken haben und uns nicht bewußt sind, wie sie entstanden sind. Wenn wir bewußter wahrnehmen, woher unsere Gedanken kommen, haben wir mehr Wahl- und Entscheidungsmöglichkeiten.

Freitag **Aufmerksamkeit auf sich lenken**

Wenn Sie heute unterrichten und merken, daß ein Kind nicht aufpaßt, lenken Sie seine Aufmerksamkeit auf sich, indem Sie Ihre Stimme oder Ihre Gestik verändern oder es in irgendeiner Weise mitarbeiten lassen. Schreiben Sie auf, was geschieht.

Ich unterrichte so, daß ich alle Kinder erreiche.

	Woche vom _____ bis _____	
Montag	Visueller Unterricht Zeit:	Wie ich verstärkt visuell unterrichte:
Dienstag	Auditiver Unterricht Zeit:	Wie ich verstärkt auditiv unterrichte:
Mittwoch	Kinästhetischer Unterricht Zeit:	Wie ich verstärkt kinästhetisch unterrichte:
Donnerstag	Auf die bevorzugte Modalität der Kinder achten Zeit:	Stellen Sie Kollegen im Lehrerzimmer Fragen und achten Sie auf die Augen; wo suchen sie zuerst nach der Antwort?
Freitag	Aufmerksamkeit auf sich lenken	Damit erhalte ich die Aufmerksamkeit meiner Schüler:

12. Woche — Dank sagen

Wenn wir für etwas dankbar sind, bekommen wir mehr davon! Ja, wir bekommen mehr von dem, wofür wir dankbar sind. Wenn wir aufmerksam auf das achten, wofür wir dankbar sind, helfen wir uns selbst, mehr davon zu erreichen.

Montag — Danke sagen

Machen *Sie* den Anfang damit, danke zu sagen. Lassen Sie andere wissen, was Sie an ihnen schätzen und wie Ihnen das geholfen oder was Ihnen daran gefallen hat. Die Kinder können sich nach Ihrem Vorbild bei anderen bedanken. Teilen Sie mit ihnen das Geheimnis, wie sie mehr von etwas bekommen, was sie gerne haben möchten: indem sie für etwas dankbar sind, *als ob* sie es schon hätten!

Dienstag — Ein Heft zum Danksagen

Sprechen Sie mit den Kindern darüber, wofür wir dankbar sein können. Lassen Sie die Kinder anschließend eine eigene Liste oder ein Heft dafür anlegen.

Mittwoch — Danken für Zukünftiges

Wenn wir so tun, als ob wir schon hätten, was wir uns wünschen, und wenn wir dafür dankbar sind, dann hilft uns unser Geist, das auch zu erreichen. Lassen Sie die Kinder ein Heft anlegen, das auf die Zukunft gerichtet ist und in das sie materielle Wünsche, persönliche Ziele, gewünschte Freunde, Lebensbedingungen usw. eintragen. Fordern Sie sie dazu auf, so genau wie möglich zu sein, die Dinge im Detail zu beschreiben, Bilder zu malen usw.

* * *

(Anmerkung der Übersetzerin: Der amerikanische Feiertag *Thanksgiving* ist am vierten Donnerstag im November; auf ihn ist dieses Wochenthema abgestimmt. Weil dann schulfrei ist, hat dieser Wochenplan nur drei Unterrichtstage.)

Wir bekommen mehr von dem, wofür wir dankbar sind!

	Woche vom _____ bis _____	
Montag	Danke sagen	Meine Dankesliste:
Dienstag	Ein Heft oder eine Liste zum Danksagen Zeit:	
Mittwoch	Danken für Zukünftiges Zeit:	
Donnerstag		Legen Sie für sich selbst eine Dankesliste für das an, was Sie in diesem Schuljahr noch erreichen wollen. Formulieren Sie es ganz konkret!
Freitag		

| **13. Woche** | **So bekommen Sie die gewünschten Antworten** |

Wenn wir eine Information aufgenommen und verarbeitet (darüber nachgedacht) haben, wird diese in unserem Gedächtnis gespeichert, bis wir sie wieder abrufen. Wir brauchen sie vielleicht, um eine Frage zu beantworten, um sie mit einer anderen Information zu vergleichen, um uns an einer Erinnerung zu freuen, um ein Gefühl zu beleben usw. Die Erinnerung an ein Bild, einen Klang, ein Gefühl, einen Geschmack oder einen Geruch wird durch ein anderes Bild, einen anderen Klang, ein anderes Gefühl, einen Geschmack oder Geruch hervorgerufen. Machen Sie einmal ein Experiment: Denken Sie an ein Schokoladenkeks. Achten Sie darauf, wie Sie sich von einem Gedanken zum anderen weiterbewegen, wobei jeder vom vorangehenden ausgelöst wird. Wir empfinden Dinge in unserer Umgebung und gehen weiter zu unseren Gedanken und wieder zurück, während unser Gehirn ständig unsere Erfahrungen verarbeitet – ob wir uns dessen bewußt sind oder nicht. Sie fühlten wahrscheinlich nicht bewußt die Berührung Ihres Körpers mit dem Stuhl, bis ich Sie jetzt darauf aufmerksam machte. Um uns an bestimmte Dinge zu erinnern, müssen wir in der Lage sein, etwas wieder aufzurufen, und wir müssen uns bewußt sein, wonach wir suchen. Sie erinnern sich sicher an die Erfahrung, wie Sie ein Wort suchten, das Ihnen schon "auf der Zunge lag"; es war da und Sie konnten es fühlen, aber Sie konnten es nicht sagen.

Montag   Unterrichten für alle Sinne

Wie wir etwas in unserem Gehirn speichern, hat einen Einfluß darauf, wie schnell wir es wiederfinden können. Wenn wir es auf dem Weg über Fühlen, Sehen, Hören, Schmecken und Riechen speichern – das heißt indem wir es voll erleben –, können wir es viel besser wiederfinden. Wir haben auch gelernt, Teile unserer Umgebung selektiv auszublenden. So hörte Johnny zum Beispiel nicht, daß seine Mutter ihn bat, den Abfall hinauszubringen, aber er hörte genau, daß sein Bruder das Keksglas öffnete! An ausgeblendete Informationen erinnern wir uns häufig nicht mehr.

Um sicherzugehen, daß unsere Schüler etwas lernen und es auch behalten, brauchen wir ihre volle Aufmerksamkeit, und wir müssen sie grundsätzlich auf allen Sinneskanälen unterrichten – auditiv, visuell und über das Gefühl. Achten Sie heute darauf, wie Sie unterrichten. Lehren Sie in allen Modalitäten? Haben Sie die volle Aufmerksamkeit der Schüler? Sind Ihre Schüler aufmerksam beteiligt?

Dienstag   Kontextualisieren

Amy wußte, daß 2 + 2 = 4 ist. Sie war sich aber nicht bewußt, daß das Problem in der Textaufgabe – Bobby soll die Hälfte von seinen vier Spielzeugautos hergeben – etwas damit zu tun hatte. Um etwas zu unterrichten, isolieren wir es oft von dem Kontext, in dem es gewöhnlich auftaucht. Das ist in Ordnung – aber es ist wichtig, eine Fähigkeit, die erlernt wurde, wieder in ihren Kontext zu bringen, sie in die Umgebung zurückzuführen, wo sie gebraucht wird. Wählen Sie dazu den Auslöser, durch den eine Information wieder aufgerufen wird, möglichst so, daß er wirklichkeitsnah ist. Wenn also Amy Susie zwei von ihren vier Zuckerstangen gibt, weiß Amy, daß sie dann noch zwei übrig hat.– Wählen Sie ein Thema aus dem heutigen Unterricht. Kontextualisieren Sie die neuerworbene Fähigkeit.

Mittwoch   Fragen verstehen

Um eine Frage beantworten zu können oder die Information wieder aufzurufen, müssen wir wissen, wonach wir suchen. Wie lautet überhaupt die Frage? Lehren Sie Ihre Schüler, eine Frage gründlich zu verstehen, bevor sie sie beantworten. Bereiten Sie eine Liste mit Fragen zu einer der heutigen Unterrichtsstunden vor. Stellen Sie die Fragen und lassen Sie die Schüler jede Frage zuerst mit ihren eigenen Worten erklären. Verwenden Sie alle möglichen Fragen: nach Details, Vergleichen,

Schlußfolgerungen, Definitionen ... Achten Sie hierbei nicht so sehr auf die *Antworten*. Entwickeln Sie zunächst die Fähigkeit Ihrer Schüler, Fragen zu verstehen.

Donnerstag Übung im Erraten

Unser Geist arbeitet hervorragend. Wie oft haben Sie eine Frage gehört und dann – wenn jemand anders die Antwort gab – gemerkt, daß Sie auch daran gedacht, sich aber nicht getraut hatten zu antworten, da sie befürchteten, es sei falsch? Oft ist die erste Antwort, die uns in den Sinn kommt, richtig – aber wir schieben sie beiseite: "Nein, das ist nicht richtig, das kann ich nicht sagen" usw.

Machen Sie Ihr Klassenzimmer zu dem Ort, an dem die Schüler ohne Befürchtungen ihre ersten Vermutungen aussprechen können. Helfen Sie ihnen, beim Erraten immer besser zu werden. Gestalten Sie Ihren Unterricht so, daß auch Platz für Fragen ist, die mit Vermutungen beantwortet werden können! Unterbrechen Sie Geschichten mit der Frage: "Was könnte als nächstes geschehen?" Alle Vermutungen sind richtig, da Ihre Schüler es nicht *wissen* können. Bevor Sie im Unterricht die Wale behandeln, fragen Sie die Schüler, was ein Wal wohl ißt, wie er seine Jungen aufzieht usw. Respektieren Sie alle Vermutungen. Haben Ihre Schüler erst mehr Übung im Raten, werden sie schnell immer besser. Ermutigen Sie Schüler, die nur zögernd raten, und loben Sie deren Versuche. Sagen Sie während einer Rateübung nicht, ob die Vermutungen richtig sind. Die Schüler sollen das beim anschließenden Lesen oder Vortrag selbst herausfinden. Wie nebenbei werden sie immer geschickter darin, Antworten zu finden.– Machen Sie heute eine erste Rateübung. Wählen Sie Unterrichtsstoff aus, bei dem sich dieses Verfahren üben läßt.

Freitag Prüfmechanismus

Nachdem Sie die Schüler zum Raten ermuntert haben, zeigen Sie ihnen eine Strategie zum Überprüfen, ob sie richtig geraten haben. Zum Beispiel: "Füge deine Vermutung in das ganze Bild ein und schaue nach, ob es richtig aussieht." Oder für den auditiven Schüler: "Setze das fehlende Wort ein und höre Dir an, wie es klingt." Als kinästhetischer Check wäre denkbar: "Fühlt sich das richtig an?" Wir sind uns vielleicht nicht bewußt, woher wir genau wissen, daß wir etwas wissen – aber wir wissen es. Sagen Sie Ihren Schülern, daß sie einen Prüfmechanismus haben. (Achten Sie auf die Augenbewegungen der Schüler, wenn Sie fragen "Woher weißt du es?" So erfahren Sie, auf welche Weise die Schüler sich Gewißheit verschaffen.) Geben Sie Gelegenheit zum Üben: auf Arbeitsblättern, die vom Lehrer vorbereitet und beantwortet wurden. Dazu eignen sich Mathematikaufgaben mit falschen Lösungen, falsch geschriebene Wörter, Korrekturlesen, Lückentests und ähnliches. Verstecken Sie in den verschiedenen Aufgaben mehrere Fehler. Lassen Sie die Schüler Ihre Arbeit "überprüfen". Sprechen Sie anschließend mit ihnen über die verschiedenen Prüfstrategien.

Ich ermutige meine Schüler zu antworten.

		Woche vom _____ bis _____	
Montag	Unterrichten für alle Sinne	Ich habe herausgefunden: Ich werde:	
Dienstag	Kontextualisieren Unterrichtsgebiet: Zeit:	Isolierte Fähigkeiten, die ich in einen Kontext stellen möchte:	
Mittwoch	Fragen verstehen Zeit:	Wiederholen Sie heute alle schriftlichen Anweisungen; stellen Sie sicher, daß alle Kinder wissen, was sie tun müssen.	
Donnerstag	Übung im Erraten Zeit:	Auf folgenden Gebieten kann ich raten üben:	
Freitag	Prüfstrategie Zeit:	Meine Prüfstrategie:	

14. Woche — Werden Sie Meister im Problemlösen!

Wir alle haben Probleme – es kommt darauf an, wie wir damit umgehen.

Montag — Der Sorgentopf oder: Die weise Verweigerung

Viele "Probleme" sind einfach nur verkleidete Sorgen, und Sorgenmachen hat noch nie zu einer Lösung geführt. Die Sorgentopf-Technik macht Schluß mit dem endlosen Sorgen. Wir alle sorgen uns manchmal gerne – genießen Sie es also, wenn Sie sich sorgen. Nehmen Sie sich in der Woche eine Stunde Zeit, um sich Sorgen zu machen. Sammeln Sie eine Woche lang alle Sorgen, schreiben Sie sie auf und stecken Sie sie in einen Behälter. Wenn es Zeit für Ihre Sorgenstunde ist, holen Sie sich diesen und sorgen sich. Sie werden feststellen, daß sich in der Zwischenzeit so manche Sorge erledigt hat. Damit haben Sie für den Rest der Woche mehr Zeit für produktive Tätigkeiten.

Bringen Sie den Kindern diese Technik bei und lassen Sie einen Sorgentopf vorbereiten. Eine Dose wird beklebt und bemalt. Ermuntern Sie die Schüler, sich eine bestimmte Zeit zum Sorgen zu nehmen und ihre Sorgen zu sammeln.

Dienstag — Probleme austauschen

Das Leben ist voller Probleme. Wenn Sie ein Problem haben, das Sie nicht mögen, tauschen Sie es gegen ein anderes aus! Wenn jemand das Problem hat, an heißen Tagen selbst kühl zu bleiben, wird er dieses Problem sofort vergessen, wenn er Hunger verspürt. Wenn Ihr Problem ist, daß Sie sich fragen, ob andere Sie mögen – denken Sie doch darüber nach, wie Sie anderen Freund oder Freundin sein können, und damit verschwindet Ihr ursprüngliches Problem. Es ist *Ihr* Leben, und Sie können Ihre Probleme selbst wählen. Sie bekommen das, worauf Sie sich konzentrieren.

Machen Sie den Kindern diesen Gedanken verständlich. Nennen Sie Beispiele für Probleme aus ihrem Umfeld und bieten Sie dazu Ersatzprobleme an. Machen Sie – soweit möglich – Rollenspiele. Sprechen Sie mit den Kindern darüber, wie sich ihre Gefühle verändern, wenn sich die Probleme verändern.

Mittwoch — Einen neuen Rahmen schaffen *(reframing)*

Wie ein anderer Rahmen das Aussehen eines Bildes völlig verändert, kann auch die veränderte Sichtweise einer Situation unsere Gefühle dazu völlig verändern. Wenn ich unglücklich bin, weil meine Schüler zeitweise sehr laut sind, kann ich stattdessen diesen Lärm als Anzeichen dafür betrachten, daß die Kinder sehr aktiv bei der Sache sind. (Es läßt sich schnell überprüfen, ob das auch stimmt.) Ein Tag kann "teils sonnig" oder "teils wolkig" sein. Ein Glas ist "halb leer" oder "halb voll".

Wählen Sie heute zwei Bilder aus (ein fröhliches und ein düsteres) und zeigen Sie sie Ihren Schülern. Halten Sie hinter jedes Bild im Wechsel verschiedene farbige Papierbögen und machen Sie ihnen bewußt, wie der Rahmen beeinflußt, was sie beim Anblick eines Bildes fühlen. Erzählen Sie ihnen, daß wir um unser Bild, das wir von der Welt haben, einen eigenen Rahmen aus Gedanken machen. Lassen Sie die Kinder entscheiden, wie sie die Welt sehen wollen.

50

Lassen Sie die Kinder dann selbständig kreativ arbeiten: sie schneiden und gestalten einen Papierrahmen (in einer Farbe nach eigener Wahl), um zu zeigen, wie sie die Welt sehen möchten. Lassen Sie die Kinder die Rahmen hochhalten und die Welt durch diesen Rahmen betrachten.

Donnerstag Ein Bildschirm für die Lösung

Stellen Sie sich einen leeren Bildschirm vor. Projizieren Sie Ihr Problem mitsamt den damit verbundenen Details darauf. Jetzt stellen Sie sich daneben einen weiteren weißen Bildschirm vor. Dies ist der Bildschirm für die Lösung. Achten Sie auf die erste Antwort, die Ihnen dort erscheint. (Gewöhnlich ist dies *Ihre* Antwort. Denken Sie sie nicht hinweg.) Wenn Sie in den nächsten Tagen an das Problem denken – denken Sie sofort an die Lösung und befassen Sie sich dann nicht mehr weiter damit.

Manchmal scheint die Lösung in keiner Beziehung zum Problem zu stehen; Sie denken womöglich bei einem Geldproblem an Erdbeeren. Vielleicht bedeutet das, daß Sie an etwas anderes (wie zum Beispiel Erdbeeren) denken und jetzt nicht versuchen sollen, Ihr Problem zu lösen.

Lehren Sie die Kinder diese Technik und helfen Sie beim Üben.

Freitag Welche Wahlmöglichkeiten haben wir?

Wenn Sie ein Problem haben, gibt es verschiedene Wege, damit umzugehen. Hier einige davon:

1. Stecken Sie es in den Sorgentopf.
2. Suchen Sie sich stattdessen ein anderes Problem.
3. Stellen Sie es in einen anderen Rahmen. *(reframing)*
4. Suchen Sie nach einer Lösung.

Besprechen Sie diese Möglichkeiten. Dann nennen Sie Beispiele für Probleme, wie sie sich den Kindern stellen könnten. Lassen Sie sie wählen, wie sie damit umgehen wollen.

Zusätzliche Übung: Schreiben Sie die Möglichkeiten in eine Tabelle und kreuzen Sie die jeweils gewählte an.

Ich wähle mir meine Probleme selbst und auch die Art, wie ich damit umgehe.

	Woche vom _____ bis _____	
Montag	Sorgentopf Zeit:	Ich gebe folgende Sorgen in meinen Topf: 1. 2. 3.
Dienstag	Probleme austauschen Zeit:	Ich werde mein Problem mit ... gegen ein anderes austauschen, nämlich: ...
Mittwoch	Neue Rahmen (reframing) Zeit:	Mein Rahmen für meine Sichtweise der Welt:
Donnerstag	Bildschirm für die Lösung Zeit:	Überlegen Sie sich eine Frage. Machen Sie einen Test mit Ihrem eigenen "Bildschirm für die Lösung".
Freitag	Auswahl Zeit:	Wählen Sie ein Problem: Was tue ich damit?

15. Woche — Schenken (vor den Weihnachtsferien)

Jeder Mensch hat einzigartige Gaben, die er anderen anbieten kann. Helfen Sie den Kindern, ihre Einzigartigkeit zu entdecken und was sie in dieser Zeit des Schenkens anderen anbieten können.

Montag — Das Geschenk der Zeit

Sagen Sie den Schülern: Nur *du* kannst *deine* Zeit anderen schenken: Zeit, um ruhig beisammen zu sein, miteinander zu spielen, gemeinsam etwas zu tun, was beiden Spaß macht. Denke an Menschen, mit denen du Zeit verbringen willst, vor allem an solche, für die es ein besonderes Geschenk ist (zum Beispiel Großeltern).

Lege ein Heft an: Mit wem ich meine Zeit verbringe. Male ein Bild und/oder schreibe einen Satz für jeden Menschen oder jede Gruppe von Menschen, denen du Zeit schenken willst.

Dienstag — Das Geschenk der Worte

Denken Sie an Worte der Zuneigung und des Lobes, die Ihnen besonders viel bedeutet haben. Sie können diese Sätze auch den Schülern sagen. Sprechen Sie heute mit ihnen über Worte für Zuneigung und Anerkennung: Wie fühlen wir uns, wenn sie an uns selbst gerichtet sind oder wenn wir sie zu anderen sagen? Erzählen Sie oder lesen Sie die Geschichte von den *"Warm Fuzzies"* vor. (Anm. d. Übers.: Es handelt sich um ein Märchen von Claude Steiner. Die *Warm Fuzzies*, eine Art Kobolde, sind Symbol für die "Streicheleinheiten" *(positive strokes)*, die wir verteilen oder selbst erhalten.) Üben Sie, wie man Komplimente macht und annimmt. Wahlweise: Lassen Sie einen Brief schreiben, in dem die Schüler jemandem ihre Zuneigung versichern oder ihm Anerkennung oder Komplimente übermitteln.

Mittwoch — Das Geschenk einer guten Tat

Besprechung: Denkt an Dinge, die andere für euch getan haben. Wie habt ihr euch gefühlt? Bildet Gruppen und schreibt zusammen solche Dinge auf. Schreibt auf, wie Menschen einander sonst noch gegenseitig helfen können. Wählt einige Beispiele für ein Rollenspiel aus.

Donnerstag — Materielle Geschenke

Besprechung: Ihr könnt Geschenke für andere Menschen kaufen oder ihr könnt etwas für sie machen, was einmalig in seiner Art und von euch ausgedacht ist.

Bereiten Sie Material vor, so daß die Kinder Karten, Bilder oder ähnliches für jemanden, den sie gern haben, basteln können. Stellen Sie sich darauf ein, den Kindern in Zukunft mehr Zeit zu geben, damit sie solche Ideen ausführen können, die sie sich jetzt selbst ausgedacht haben. Freuen Sie sich darüber!

Freitag — Geschenkeliste

Sprechen Sie über die verschiedenen Arten von Geschenken: Zeit, Worte, Taten, gekaufte und selbstgebastelte Geschenke. Lassen Sie die Kinder für Weihnachten ein Geschenkeheft anlegen. Auf jeder Seite zeigen sie in Wort oder Bild, wie sie einer bestimmten Person ihr Geschenk machen.

Ich gebe anderen Menschen etwas von mir selbst.

	Woche vom _____ bis _____	
Montag	Mit wem ich meine Zeit verbringe Zeit:	Ich werde Zeit verschenken an: 1. 2. 3. 4.
Dienstag	Das *Warm Fuzzy Book* o.ä. Komplimente machen oder wahlweise: einen Brief schreiben Zeit:	Heute werde ich drei Personen schriftlich oder mündlich "Streicheleinheiten" schenken: 1. 2. 3.
Mittwoch	Besprechung und Rollenspiel Zeit:	Ich biete meine Hilfe an: 1. 2. 3.
Donnerstag	Geschenke und Karten herstellen Zeit:	Meine Geschenkeliste: 1. 2. 3. 4.
Freitag	Geschenkeheft Zeit:	5. 6. 7.

16. Woche — So ändern Sie schlechte Gewohnheiten

Ein glückliches neues Jahr! Dies ist die Zeit, um neu zu beginnen, um gute Vorsätze für das neue Jahr zu fassen, um Gewohnheiten zu ändern. Gewohnheiten sind etwas Wunderbares – wir könnten ohne sie nicht leben. Aus Gewohnheit laufen, sprechen, essen wir, werfen wir einen Ball usw. Gewohnheiten sind erlernte Handlungen, die wir so oft durchgeführt haben, daß sie heute automatisch ablaufen. Wenn wir eine Gewohnheit verändern wollen, müssen wir

1. darauf achten, wann das alte, gewohnte Verhalten auftritt,
2. an diese Stelle die neue Gewohnheit setzen,
3. diese üben, bis sie automatisch wird.

Montag — Aufmerksam sein

Besprechen Sie: Gewohnheiten lassen sich schnell verändern. Nehmt etwas, was ihr jeden Tag gleich tut – zum Beispiel welchen Schuh ihr zuerst anzieht – und verändert diese Gewohnheit.

Aufgabe: Jeden Morgen, wenn ihr euch anzieht, zieht zuerst den *anderen* Schuh an! Wenn ihr daran gewöhnt seid, zuerst den rechten Schuh anzuziehen, macht es anders und zieht erst den linken an.

Wenn die Schüler nicht mehr daran gedacht haben und sich erst später daran erinnern, dann sollen sie ihren Schuh wieder ausziehen und gleich üben. Zusätzlich: Übt zuerst, den anderen Schuh anzuziehen. Dann denkt an morgen, wenn ihr das wieder tun werdet, und an all die anderen Tage ...

Dienstag — Ungültig, ungültig ...

Fragen Sie, wieviele Kinder den anderen Schuh zuerst angezogen haben. Achten Sie darauf, wieviele es sind. Die Kinder, die nicht daran gedacht haben, üben das *jetzt*.

Heute fangen wir damit an, Worte auszuwechseln. Die Begriffe, die wir gebrauchen, leiten unser Denken, unser Fühlen und unser Verhalten. Nehmen wir andere Worte, verändert sich unser Denken, Fühlen und Handeln. Sagen Sie also jedes Mal, wenn Sie das Wort "Haß" gebrauchen, sofort: "Ungültig, ungültig ... Liebe, Liebe, Liebe." Bald ändern sich nicht nur unsere Worte, sondern auch unser Denken, Fühlen und Handeln.– Sprechen Sie über diese Technik. Schreiben Sie mit der Klasse negative Worte in eine Liste und dahinter das positive Wort, das jetzt an dessen Stelle treten soll.

Beispiele:

Haß	–	Liebe
ich kann nicht	–	ich möchte
häßlich	–	schön
arm	–	reich
böse	–	gut ...

Wählen Sie drei Worte aus und üben Sie anschließend damit. Zusätzlich: Sie als Lehrer/in verwenden ein negatives Wort und fordern die Kinder auf, Sie zu unterbrechen mit: "Ungültig, ungültig, ... ____, ____, ____." Üben Sie dies so lange, bis alle Schüler sich trauen, Sie zu unterbrechen. (Wenn die Kinder die Erlaubnis erhalten, etwas 'Wichtiges' zu unterbrechen, können sie auch ihre eigenen 'wichtigen' Muster unterbrechen.)

Mittwoch Unerwünschtes Verhalten zählen

Manchmal führt es schon zu einer Veränderung, wenn man mitzählt, wie oft eine schlechte Gewohnheit auftritt. Erklären Sie dies der Klasse und schlagen Sie ein Experiment vor. Wählen Sie eine Gewohnheit, die die Mehrheit zu ändern wünscht – zum Beispiel das Dazwischenreden, ohne vorher aufzuzeigen. Sie schreiben dann eine Namensliste an die Tafel und zählen in jeder Stunde mit, wie oft ohne Handzeichen hineingesprochen wird. Stellen Sie fest, ob die Häufigkeit im Laufe des Tages abnimmt. Kritisieren oder ermahnen Sie nicht, zählen Sie einfach.

Donnerstag Ein perfekter Mensch

1. Fragen Sie, wieviele Schüler zuerst den anderen Schuh anziehen.
2. Gebrauchen Sie ein negatives Wort und achten Sie darauf, ob Sie unterbrochen werden.
3. Fragen Sie die Schüler: Möchtest du, daß deine Mutter, dein Lehrer, dein Bruder, deine Schwester, dein Freund, deine Freundin, daß irgend jemand perfekt ist?

Schritt 1: Schreibe zwischen 25 und 100 Eigenschaften auf, die diese Person perfekt machen würden.

Schritt 2: Finde genauso viele Punkte zu der Frage: Was würdest *du* tun, wie wärst *du*, wenn es den perfekten Menschen (Mutter, Freund usw.) gäbe.

Handle entspechend, sei derjenige, und du wirst es erreichen!

Freitag Eine Veränderung planen

Fragen Sie jedes Kind nach einer Gewohnheit, die es ändern möchte, und wie es das tun möchte. In drei Wochen fragen Sie wieder nach, wie viele Kinder es geschafft haben. (Notieren Sie das jetzt in Ihrem Kalender.)

Mein Vorsatz für mein 'neues Ich'!

	Woche vom _____ bis _____	
Montag	Den anderen Schuh zuerst anziehen Zeit:	Morgen werde ich den anderen Schuh zuerst anziehen!
Dienstag	Ungültig, ungültig ... Zeit:	Negative Worte – positive Worte 1. 2. 3. 4.
Mittwoch	Unerwünschtes Verhalten zählen Zeit:	Versuchen Sie selbst etwas! Gewohnheit: 1. Stunde: 4. Stunde: 2. Stunde: 5. Stunde: 3. Stunde: Was stellen Sie fest?
Donnerstag	Ein perfekter Mensch Zeit:	Wie wäre *ich*, wenn ich *den* perfekten Direktor hätte: 1. 2. 3. 4.
Freitag	Eine Veränderung planen Zeit:	5. 6. 7. 8. 9. 10.

17. Woche — Was möchten Sie wirklich?

Wir sind uns oft nicht bewußt, daß wir ein Ziel haben, bis wir merken, daß wir es ansteuern (wenn wir zum Beispiel etwas kaufen, was wir in der Werbung gesehen haben). Wenn wir den Vorgang der Zielfindung verlangsamen, können wir unseren Schülern (und uns selbst) helfen, häufiger bewußt zu erkennen, was wir *wirklich* möchten.

Montag — Suche nach einer Wunschvorstellung

Legen Sie heute Ihren Schülern dar, daß sie ihr Leben selbst so gestalten können, wie sie es wollen. Menschen sind zielorientierte Organismen – und wenn wir keine *eigenen* Ziele haben, versuchen wir Ziele zu erreichen, von denen wir meinen, daß andere sie für uns haben.

Geben Sie Ihren Schülern ein *leeres* Blatt Papier und machen Sie ihnen klar, daß es sich mit ihrem Leben vergleichen läßt: sie können es so gestalten, wie sie das selbst wollen. Die Schüler sollen ein Ziel (oder Ziele) finden. Sie suchen etwas aus, was sie gerne hätten; sie überlegen sich, was sie tun wollen oder was sie werden wollen. Wissen die Schüler nicht, was sie schreiben sollen, können Sie fragen, ob sie ihr eigenes Leben gestalten wollen oder ob sie möchten, daß andere es für sie aufschreiben. So oder so wird es geschrieben werden, wird ihr Leben gelebt werden.

Heben Sie die notierten Ziele für den nächsten Tag auf.

Dienstag — Wie sieht das Ergebnis aus?

Oft ist das, was wir *wollen*, nicht das, was wir wirklich *brauchen*. Wir wünschen uns etwas sehr dringend, und wenn wir es bekommen, wollen wir es noch dringender wieder loswerden. Es ist manchmal am schwierigsten, sich etwas zu wünschen, was wirklich erstrebenswert ist.

Lassen Sie Ihre Schüler ihr Ziel mit folgenden Fragen überprüfen: "Was würde passieren, wenn ich das bekäme, was ich will?" – "Wie würde ich mich fühlen?" – "Möchte ich wirklich, daß das geschieht?" Kennen die Schüler die ihrem Wunsch zugrundeliegende Intention besser, sind sie eher in der Lage, sich zu wünschen, was sie wirklich wollen. Damit sie ihre Absicht besser erkennen lernen, sollen sie den folgenden Satz ergänzen: "Ich möchte das (Ziel) erreichen, damit ..."

Erinnern Sie die Schüler an ihr Ziel vom Vortag. Lassen Sie aufschreiben oder malen, welches die Ergebnisse wären, falls ihr Wunsch sich erfüllen würde. Sie können ihr Ziel auch verändern oder überprüfen, wenn sie das möchten.

Mittwoch — Genau beschreiben

Weiterhin ist es wichtig, daß wir erkennen können, *wann* wir unser Ziel erreicht haben. Einige Menschen haben ihr Ziel bereits mehrmals erreicht, bevor sie es merken! Da wir alles mit unseren Sinnen wahrnehmen, ist es hilfreich, unser Ziel sinnlich wahrnehmbar zu definieren.

Fragen Sie: – "Was würde ich sehen?"

– "Was würde ich hören?"

– "Was würde ich fühlen?"

– "Was würde ich riechen/schmecken?"

So sollen die Schüler ihr Ziel sinnlich wahrnehmbar beschreiben. Lassen Sie das vor der Klasse oder paarweise tun, Sie können auch malen oder spielen lassen, wie Sie es für Ihre Schüler gut finden.

Je genauer die Beschreibung, desto wahrscheinlicher bekommen sie, was sie wollen; sie können kein Ziel treffen, das sie nicht sehen können!

Donnerstag **Wo stehe ich *jetzt*?**

Da Ihre Schüler nun entschieden haben, was sie haben wollen, was sie sein wollen oder werden möchten, ist es Zeit zu schauen, wo sie *jetzt* stehen – oder was sie jetzt schon haben.

Bitten Sie sie aufzuschreiben, wofür sie dankbar sind: Menschen, Dinge, Erfolge usw. Außerdem sollen sie aufschreiben, welche Fähigkeiten, Fertigkeiten, Möglichkeiten usw. sie haben. Wenn gewünscht, können die Listen vor der Klasse vorgelesen werden.

Bei dieser Selbsteinschätzung werden Ihre Schüler vielleicht überrascht feststellen, daß sie einiges von dem, was sie sich wünschen, bereits haben. Sie wußten es nur nicht. Fordern Sie sie auf, darüber nachzudenken, wie sie ihre Ressourcen – das was sie bereits haben – nützen können, um zu bekommen, was sie sich wünschen.

Freitag **Drei Wege**

Lassen Sie die Schüler drei Wege aufschreiben, die zu ihrem Ziel führen. Lassen Sie sie über die Konsequenzen eines jeden Wegs nachdenken. Wie würde ich mich fühlen? Was könnte passieren? Wie könnten andere reagieren? Wenn sie einen Weg ausscheiden, veranlassen Sie sie, einen weiteren Weg zu finden, bis sie drei gangbare Wege gefunden haben, um das zu erreichen, was sie möchten.

Ich wähle Ziele, die wirklich erstrebenswert sind.

		Woche vom _____ bis _____
Montag	Suche nach einer Wunschvorstellung Zeit:	Mein Ziel:
Dienstag	Wie sieht das Ergebnis aus? Zeit:	Das Ergebnis, wenn ich mein Ziel erreiche:
Mittwoch	Genau beschreiben Zeit:	Mein Ziel im einzelnen:
Donnerstag	Wo stehe ich *jetzt*? Zeit:	Meine Fähigkeiten:
Freitag	Drei Wege Zeit:	Drei Wege, um mein Ziel zu erreichen: 1. 2. 3.

| **18. Woche** | **Wie Sie bekommen, was Sie möchten** |

Da Ihre Schüler jetzt ihr Ziel gewählt und bewertet und drei Wege zu diesem Ziel gefunden haben, ist es an der Zeit zu handeln. Der Grund, warum Menschen etwas, was sie erreichen möchten, noch nicht erreicht haben, ist der, daß sie nicht wissen wie. Die Schüler müssen aber nicht nur die notwendigen Schritte tun, sie müssen auch daran *glauben*, daß sie ihr Ziel erreichen können. Zudem ist es nötig, daß sie ihr Selbstbild und ihr Verhalten ändern und die eventuell damit verbundenen unangenehmen Gefühle ertragen.

Montag · Vorstellung und Gefühl

Die Menschen handeln so, wie sie sich selbst sehen. So ist der erste Schritt zur Erreichung des Ziels eine Veränderung des Selbstbildes, damit das neue Ziel mit erfaßt wird. Es gibt viele Methoden dazu; eine besteht darin, daß die Schüler eine "Vorstellung" von sich bilden, in der sie ihr Ziel bereits erreicht haben.

Bitten Sie die Schüler, sich in der Zukunft zu sehen und sich vorzustellen, daß sie ihr Ziel bereits erreicht haben: sie tun das Gewünschte, sie besitzen es oder sie machen davon Gebrauch. Was sehen sie? Was hören sie? Was fühlen sie? Geruch? Geschmack? Wo sind sie? Wer ist bei ihnen? Überprüfen Sie, ob sie "in" ihrem Bild sind, nicht nur als Beobachter außerhalb. Wie fühlen sie sich, da sie ihr Ziel erreicht haben?

Dienstag · Affirmationen

Die Schüler sollen sich noch einmal ihr Ziel vorstellen und sich an die Gefühle erinnern, die mit der Erfüllung verbunden waren. Dann lassen Sie sie eine Affirmation finden. (Lesen Sie nach, was in der 1. Woche über Affirmationen gesagt wurde.) Zum Beispiel: "Ich bleibe mit den Gedanken bei einer Arbeit, bis ich fertig bin." – "Ich habe ein XY-Rennauto." – "Ich habe viele Freunde." Lassen Sie die Schüler die Affirmation auf eine Karteikarte oder ein kleines Stück Papier schreiben. Erinnern Sie sie daran, sich jeden Morgen beim Aufstehen und abends vor dem Schlafengehen ihr Ziel vorzustellen und ihre Affirmation zu wiederholen – und außerdem tagsüber, sooft sie wollen. Achtung: Einige Ihrer Schüler haben ihr Ziel vielleicht schon erreicht – lassen Sie sie für die weiteren Stunden ein anderes Ziel finden.

Schreiben sich die Schüler eine negative Affirmation auf wie "Ich will keine Bonbons mehr essen", dann lassen Sie die Affirmation in eine positive umwandeln: "Ich esse nur, was gut für mich ist!"

Mittwoch · So tun, als ob ...

Kinder sind große Schauspieler. Oft glauben sie, daß sie etwas nicht können; werden sie aber aufgefordert, es "zu machen wie" ihr Freund Bob, der das kann, dann klappt es wunderbar! Wenn sie also vor einer Herausforderung stehen, können Sie ihnen sagen, sie sollten einfach so tun, als ob sie es könnten.

Heute bitten Sie die Schüler, sich ihr Ziel vorzustellen, die Affirmation zu wiederholen und dann so zu tun, als könnten sie es. Wenn möglich lassen Sie die Ziele im Rollenspiel vorführen.

Donnerstag · Aus dem Teufelskreis ausbrechen

Einige Schüler verspüren vielleicht etwas Angst angesichts ihres veränderten Verhaltens oder ihres veränderten Selbstbildes. Sie fühlen sich nicht mehr wohl und sehnen sich nach dem vertrauten Gefühl, das ihnen ihr gewohntes Verhalten und ihr altes Selbstbild bieten können – was sie aber in einen verhängnisvollen Kreislauf bringt:

F alse		**F A** lsche
E vidence	Hurra! Ich ändere mich!	Wahr **N** ehmung
A ppearing as		**G** ibt
R eal		**S** cheinbaren
		T rost

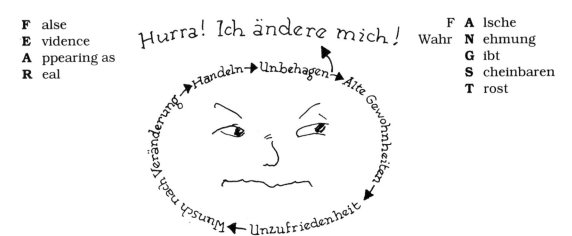

Um aus diesem verhängnisvollen Kreislauf auszubrechen, ist es notwendig, das Unbehagen gutzuheißen, es als ein Anzeichen für Veränderung zu begrüßen: "Ich bin auf dem Weg!"

Lassen Sie Ihre Schüler diesen Kreislauf malen und das Gesicht möglichst boshaft darstellen. Lassen Sie dann auch zeichnen, wie und wo sie diesen Kreis aufbrechen, indem sie ungute Gefühle als ein Anzeichen für erfolgreiche Veränderung betrachten!

Freitag — Verhalten variieren

Man bekommt im Leben nichts geschenkt. Wenn Ihre Schüler das haben wollen, was sie sich wünschen – wenn sie ihre Ziele erreichen wollen –, werden sie etwas tun müssen. Wenn sie ihr Ziel immer vor Augen haben und so tun, als ob ..., können sie drei Wege ausprobieren, um an ihr Ziel zu gelangen. Wenn sie es so nicht erreichen, können sie drei weitere Methoden ausprobieren, bis sie ihr gestecktes Ziel in die Wirklichkeit umgesetzt haben!

Kinder tun das ganz natürlich – haben Sie nicht auch schon einmal von einem Kind gehört, das 47 Methoden ausprobiert hat, um von seinen Eltern zu bekommen, was es möchte? Haben Sie gesehen, wie sich ein Zehnjähriger mit einem Rubic-Würfel oder einem elektronischen Spiel beschäftigt? Helfen Sie Ihren Schülern, damit sie diese Fähigkeit zur Veränderung ihres Verhaltens einsetzen können; geben Sie ihnen Probleme und knifflige Fragen, damit sie diese in Gruppen bearbeiten und lösen. Wählen sie die Fragen altersgemäß – mathematische Textaufgaben, zwischenmenschliche Probleme, Irrgarten, Puzzles usw. Die Schüler sollen sich vorstellen, sie hätten das Problem gelöst, und dabei "so tun", als hätten sie die Lösung. Dann ermuntern Sie die Schüler, sich an die Arbeit zu machen. Loben Sie ihre Fähigkeit, viele Wege auszuprobieren. Wenn sie steckenbleiben, sollen sie so tun, als wüßten sie einen anderen Weg. Machen Sie Frustration zum Auslöser für Kreativität!

Wenn das Ziel ... erreicht werden soll, dann muß ich etwas dafür tun!

	Woche vom _____ bis _____	
Montag	Vorstellung und Gefühl Zeit:	Versuchen Sie es selbst. Stellen Sie sich Ihr Ziel vor und erfühlen Sie es. Mein Ziel:
Dienstag	Affirmationen Zeit:	Eine Affirmation für mein Ziel:
Mittwoch	So tun, als ob ... Zeit:	Ich handle so, als ob ...
Donnerstag	Aus dem Teufelskreis ausbrechen Zeit:	Das ungute Gefühl bei einer Veränderung bedeutet: Ich bin auf dem Weg!
Freitag	Verhalten variieren Zeit:	Drei weitere Wege zu meinem Ziel:

| **19. Woche** | # Den Erfolg überprüfen |

Montag — Habe ich es erreicht?

Während Sie etwas unternehmen, um Ihr Ziel zu erreichen, ist es wichtig, daß Sie Ihr Ziel im Auge behalten, daß Sie sich nicht nur auf den Weg dahin konzentrieren, sondern merken, wann das Ziel erreicht ist. Sicher ist es Ihnen auch schon passiert, daß jemand Sie um etwas gebeten hat und Sie zugestimmt haben, daß der andere dann aber trotzdem nach weiteren Gründen suchte, um Sie zu überzeugen. Er war so in seine Absicht verstrickt, Sie zu überzeugen, daß er nicht bemerkte, wann er Erfolg hatte!

Fragen Sie sich also, wenn Sie etwas getan haben, um Ihr Ziel zu erreichen: "Habe ich erreicht, was ich wollte?" Erinnern Sie sich an Ihr ursprüngliches Ziel und daran, wie Sie sich fühlen wollten – was Sie sehen, hören, fühlen wollten. Sind Sie an diesem Punkt? Stimmt alles?

Zeigen Sie Ihren Schülern dieses Vorgehen an verschiedenen Beispielen von persönlichen Beziehungen, von erwünschten Erfahrungen und materiellen Wünschen. Dann bitten Sie die Schüler, diesen Prozeß der Überprüfung für ihr eigenes Ziel durchzuführen.

Dienstag — Ende!

Wenn Sie ein Ziel gewählt, etwas dafür getan und den Erfolg überprüft haben, ist es anschließend sehr wichtig, den Vorgang zu beenden. Wenn Sie erreicht haben, was Sie wollten: Toll! Freuen Sie sich darüber und nehmen Sie sich etwas anderes vor. Falls Sie nicht erfolgreich waren, sollten Sie unbedingt überlegen, wie lange Sie es noch versuchen wollen. Wenn Sie drei Wege, noch drei und noch drei Wege ausprobiert und nichts erreicht haben, geben Sie es auf und suchen Sie ein neues Ziel, das genauso Ihrer ursprünglichen Absicht dienen kann. Manche Menschen machen sich selbst unglücklich, indem Sie sich unmögliche Ziele setzen. Wählen Sie ein neues Ziel.

Bringen Sie Ihren Schülern bei, einen Schlußpunkt unter ihre Bemühungen zu setzen. Üben Sie Beispiele mit ihnen. Lassen Sie in Ihrem Unterricht klar erkennen, wann eine Stunde, eine Lektion beendet ist. Jedes Ende ist ein neuer Anfang!

Mittwoch — Verknüpfen und automatisieren

Jetzt ist es an der Zeit, die einzelnen Vorgänge zusammenzunehmen und zu automatisieren: ein genaues Ziel wählen und bewerten; sich das Ziel vorstellen und die damit verbundenen Gefühle bewußtmachen; eine Affirmation finden; so tun, als ob ... und dabei das Verhalten ändern; das Ziel im Auge behalten, um es mit dem jeweils Erreichten zu vergleichen; den Erfolg erkennen und/oder ein neues Ziel wählen.

Wiederholen Sie kurz alle Schritte der vergangenen Woche, indem Sie sie mit Hilfe eines bestimmten Ziels noch einmal durchgehen. Machen Sie das gleiche mit einem weiteren Beispiel und verbinden Sie die Schritte wie folgt: genaues Ziel – Wege dorthin – handeln – Stimmt alles? – Ja! Hurra! Oder: Nein, ein neues Ziel wählen ...

Gehen Sie das mit Ihren Schülern mehrmals durch. Oder noch besser, lassen Sie Paare bilden, die sich gegenseitig anhand selbstgewählter Ziele durch die einzelnen Schritte führen.

Beobachten Sie in der Folgezeit, wie sie diese Strategie anwenden. Nutzen Sie diese Methode mit den Kindern weiterhin ganz natürlich, zum Beispiel, wenn Sie eine Unternehmung planen, wenn Sie für einen Ausflug Geld beschaffen wollen usw.

Donnerstag **Auswirkungen auf Ihren Unterricht**

Überlegen Sie sich, bevor Sie etwas unterrichten, was die Schüler anschließend können sollen. Denken Sie an ein sinnlich wahrnehmbares Ergebnis: sie können dann 1. ..., 2. ..., 3. ... Manchmal ist es auch angebracht, den Schülern vorher zu sagen, was sie dabei lernen sollen, und hinterher zu prüfen, was sie gelernt haben.

Wählen Sie heute den geeigneten Stoff:

1. Legen Sie ihr eigenes sinnlich wahrnehmbares Ziel fest. Mein Ziel ist: ...
2. Sagen Sie Ihren Schülern, was Sie Ihrer Erwartung nach lernen sollen.
3. Wiederholen Sie die wichtigen Punkte: ...

Freitag **Tests**

Es gibt verschiedene Arten von Tests, aus denen Sie jeweils unterschiedliche Informationen gewinnen können. Am einfachsten ist es, direkt nach etwas zu fragen oder die Schüler die gelernte Fähigkeit vorführen zu lassen. Damit wissen Sie, ob sie einem *Test* gewachsen sind.

Um festzustellen, ob die Schüler das Gelernte auch auf *andere* Situationen übertragen können, geben Sie ihnen eine entsprechende Aufgabe oder lassen Sie sie die gelernte Fähigkeit auf einem anderen Gebiet anwenden. Am besten lassen sich gelerntes Wissen und Fertigkeiten im *Alltag* beobachten.

Achten Sie darauf, *wie* Sie Ihre Schüler prüfen. Sind die Informationen, die Sie erhalten, so wie Sie erwartet hatten? Zeigen Sie Ihren Schülern, wie sie sich bei einem Test verhalten sollen:

Entspannt euch.

Vertraut auf eure intelligenten Eingebungen.

Macht zuerst die leichten Aufgaben, geht dann zurück zu den schwierigeren.

Haltet euch an die vorgegebene Zeit.

Macht an einer anderen Stelle weiter, wenn ihr irgendwo hängenbleibt.

Machen Sie heute einen Übungstest. Nehmen Sie für den Test einen ziemlich bekannten Stoff, so daß die Schüler ihre Aufmerksamkeit mehr darauf richten können, wie man sich bei einem Test verhält.

Ich mache einen Test, um herauszufinden, ob ich mein Ziel erreicht habe.

	Woche vom _____ bis _____	
Montag	Habe ich es erreicht?	Habe ich es erreicht? Beherrschen meine Schüler diesen Stoff?
	Zeit:	
Dienstag	Ende!	Haben sie den Stoff gelernt? Nein,– ich plane Einzelunterricht oder Wiederholung. Ja,– großartig! Was als nächstes?
	Zeit:	
Mittwoch	Verknüpfen und automatisieren	Gehen Sie diese Schritte mit einem eigenen Ziel durch: genaues Ziel – Wege dorthin – handeln – Stimmt alles? – Ja / Nein
	Zeit:	
Donnerstag	Auswirkungen auf Ihren Unterricht	Sagen Sie Ihren Schülern, was sie dabei lernen sollen!
	Zeit:	
Freitag	Tests	Achten Sie darauf: Haben sie im Test angewendet, was ich ihnen beigebracht habe?
	Zeit:	

20. Woche — Halbjahresrückblick, Bewertung und neue Zielsetzungen

Montag — **Rückblick**

Wählen Sie den Stoff für diese Woche aus den bisher erarbeiteten Lektionen. Nehmen Sie die Gebiete, bei denen die Schüler noch mehr Freude haben sollen. Während Sie Rückschau halten, ...

... schreiben Sie hier Ihre Erfolge auf:

Notieren Sie hier die problematischen Bereiche:

Dienstag — **Probleme sind Chancen**

Sehen Sie die Problembereiche durch und entscheiden Sie, welche in den 'Sorgentopf' gehören, welche Sie ersetzen oder umdeuten wollen und für welche Sie eine Lösung finden wollen. Bleiben Sie bei dem Gefühl Ihrer Erfolge und wählen Sie Ziele, um diese Chancen in weitere Erfolge umzuwandeln!

Ziele:

Mittwoch — **Planen Sie den Weg zu Ihren Zielen**

Planen Sie jedes Ziel definitiv und erstellen Sie außerdem einen Entwurf, wie Sie es erreichen wollen, einschließlich eines Zeitplans.

Donnerstag — **Zukunftsvisionen**

Stellen Sie sich vor, wie Ihre Klasse sein wird, wenn Sie Ihre Ziele nach und nach in Erfolge verwandeln.

Pläne und Träume für Ihre perfekte Klasse

Freitag   **Es geht los!**

Fangen Sie an. Machen Sie einen ersten Schritt auf Ihrem Weg.

Heute werde ich: ...

Ich blicke auf meine Arbeit zurück und setze neue Ziele.

	Woche vom _____ bis _____	
		Planen Sie die Woche, wählen Sie Stoff zur Wiederholung aus:
Montag	Zeit:	Lieder
		Kameraspiel
		Zukunftsvisionen
		Zeit zum "Prahlen"
		Erfolgsmappe
		Lob und Komplimente
Dienstag		Superschüler
		Wegweiser zum Schatz
		Zufluchtsort
		Ratespiel
		Bewertung der eigenen Arbeit
		Aufmerksamkeitsspiel
	Zeit:	Spiel mit Anweisungen
Mittwoch		Farbspiel
		Visuelle Imagination
		Korrektur lesen
		Sekretärspiel
		Gedächtnishilfen
		Kassettenrekorderspiel
	Zeit:	Wie wäre es, wenn ...
Donnerstag		Bewußte Wahrnehmung
		Hefte zum Danksagen
		Ziele wählen
		Bildschirm für Lösungen
		Problemlösen
		Sorgentopf
	Zeit:	Tests
Freitag		Alles perfekt
		Einen Brief schreiben
		Signalwörter
	Zeit:	

21. Woche — Organisation: Sparen Sie Zeit und Mühe!

Jeder Mensch erfaßt und organisiert die Welt auf seine eigene, einzigartige Weise. Die Fähigkeit, die Umwelt genauso wie Denkprozesse zu organisieren, kann erlernt werden. Gute Organisation vermindert Konflikte, Verwirrung und Zeitverlust.

Montag — Eine geordnete Umgebung

Achten Sie auf die Ordnung in Ihrem Klassenzimmer und im täglichen Ablauf. Wird hier eine Umgebung geboten, aus der die Kinder schließen können, daß es in dieser Welt eine Struktur gibt und daß sie diese verstehen können? Was wollen Sie gegebenenfalls verändern und wie?

Dienstag — Aufgeräumte Pulte

Saubere oder unordentliche Tische, die Art des Arbeitsstils, der Zustand abgelieferter Arbeiten usw. geben Aufschluß darüber, ob ein Kind glaubt, daß es der Situation, in der es sich befindet, gewachsen ist oder nicht. Geben Sie den Kindern Zeit und spornen Sie sie dazu an, ihre Tische sauber und ordentlich zu halten. Nehmen Sie das *Aussehen* der Arbeiten genauso wichtig wie die richtigen Antworten. Bringen Sie ihnen bei, ihr Arbeitsmaterial bereitzuhalten und sich ihre Zeit so einzuteilen, daß sie eine Aufgabe beenden können.

Lassen Sie heute die Schülertische ausräumen und wieder so ordnen, daß das benötigte Unterrichtsmaterial jeweils schnell greifbar ist. Geben Sie vorher an, wieviel Zeit zur Verfügung steht, und helfen Sie mit, daß die Schüler ihre Tätigkeit nach der Uhr einteilen, um rechtzeitig fertig zu werden. Für die Zeit danach planen Sie etwas ein, was den Schülern Spaß macht.

Mittwoch — Organisation im Klassenzimmer

Lassen Sie die Kinder auch bei organisatorischen Aufgaben für die Klasse mitmachen. Zeigen Sie ihnen, wie es geht, und übergeben Sie ihnen Verantwortung für Dinge wie Ordnung im Klassenzimmer, Anwesenheit feststellen, Austeilen und Überprüfen von Arbeitspapieren, Aufräumen usw. Überlegen Sie sich heute eine Tätigkeit, zu der Sie die Schüler bisher nicht herangezogen haben. Erklären Sie ihnen, was sie tun sollen, bestimmen Sie einzelne für die Aufgabe und überwachen Sie die Ausführung.

Donnerstag — Etwas ändern

Besprechen Sie die Vorteile des Organisierens. Schreiben Sie diese in eine Liste. Die Kinder wählen dann einen Bereich, den sie gerne organisieren würden. Geben Sie genug Zeit, damit sie das gleich machen oder es zumindest planen können. Lassen Sie die Schüler zu zweit arbeiten, um mehr Ideen zu finden.

Freitag — Organisierter Unterricht

Wenn Sie ein abgegrenztes Thema unterrichten, stellen Sie die Beziehung zu bereits gelerntem Stoff her oder zeigen Sie die Anwendung im Alltag. Wählen Sie dafür heute ein Thema aus und achten Sie besonders auf Beziehungen und Anwendungen.

Ich schaffe eine Umgebung, in der die Kinder Ordnung vorfinden.

	Woche vom _____ *bis* _____	
Montag	Was ich organisieren und strukturieren werde:	
Dienstag	Aufgeräumte Tische	Schaffen auch Sie Ordnung auf Ihrem Pult!
	Zeit:	Wenn Sie das getan haben, klopfen Sie sich selbst anerkennend auf die Schulter!
Mittwoch	Organisation im Klassenzimmer	Arbeiten, bei denen Schüler helfen können:
	Zeit:	
Donnerstag	Etwas ändern	Was ich von meinen Schülern über Organisation gelernt habe:
Freitag	Die praktische Anwendung lehren	Thema: Anwendungen:
	Zeit:	

| **22. Woche** | # Disziplin und Kontrolle: Nutzen Sie Ihren Einfluß!

Je mehr Verhaltensweisen Ihnen zur Verfügung stehen, desto mehr Wirkung erzielen Sie. Mit Ihrer Unterrichtserfahrung haben Sie viele effektive Techniken entwickelt, die funktionieren. Hier sind noch einige weitere.

Denken Sie daran, daß Kinder lernen möchten und positive Absichten haben. Bemühen Sie sich, nur das zu verändern, was nötig ist, um sie zu produktivem und positivem Verhalten anzuleiten. Knüpfen Sie bei Dingen an, die sie bereits tun, und lassen Sie sie effektiver werden.

Montag — Angleichen und führen *(match and lead)*

Wenn Sie anfangen wollen, suchen Sie sich eine Gruppe von Kindern, die sich gerade miteinander, mit dem Fernsehfilm vom Abend vorher oder mit was auch immer beschäftigen. Gehen Sie zu der Gruppe und gleichen Sie sich an: mit ihrer Stimmlage, dem Tonfall, den Bewegungen und der Haltung. Gewinnen Sie ihre Aufmerksamkeit und führen Sie sie unauffällig, indem Sie Ihre eigenen Bewegungen verlangsamen, leiser werden und im Tonfall wechseln, bis Sie genauso sprechen wie im Unterricht. Beobachten Sie, wie die Schüler zu ihren Tischen und an ihre Bücher gehen, ohne daß sie sich gedrängt fühlen.

Machen Sie das heute!

Dienstag — Nutzanwendung *(utilization)*

Haben Sie ein Problem, so können Sie dieses in einen Vorteil verwandeln. Einige Beispiele:

Ein Kind, das gerne andere tyrannisiert und herumkommandiert, kann die Verantwortung für die Buchausleihe übertragen bekommen und hat so einen legitimen Anlaß für seine Machtwünsche.– Ihr Unterricht wird durch eine Ansage unterbrochen; Sie fragen dann: "Gibt es dazu noch etwas zu sagen?" und fahren mit dem Unterricht fort.– Ein undichtes Dach kann im Physikunterricht, den Sie gerade halten, als Beispiel für die Schwerkraft dienen.

Diese Ereignisse sind keine 'Unterbrechungen' des täglichen Lebens – sie sind das Leben selbst. Zeigen Sie durch Ihr Beispiel, daß alles im Leben seine Bedeutung hat und wir daraus immer etwas lernen oder erfahren können.

Nutzen Sie heute Zwischenfälle für sich aus. Halten Sie danach Ausschau. Es gibt sie bestimmt!

Mittwoch — Polaritätsreaktion *(polarity response)*

Nutzen Sie die natürlichen Wünsche der Kinder so, daß es zu deren Vorteil ist. Einige Kinder reagieren ganz selbstverständlich auf alle Anforderungen mit Opposition. Nutzen Sie das. Überzeugen Sie sich aber, daß Sie genau das Gegenteil von dem verlangen, was der Schüler tun oder denken soll oder wie er sich verhalten soll; übertreiben Sie dabei.

Bob beklagt sich, daß ihn die anderen ärgern und daß das nicht fair sei. Stellen Sie sich auf seine Seite und übertreiben Sie: "Die anderen müssen zum Direktor geschickt werden, sie sollten zur Polizei, ins Gefängnis – der elektrische Stuhl wäre noch zu schade für sie!" Und beobachten Sie, wie Bob einlenkt: "Ja, ... nein, ist schon gut, sie sind doch auch meine Freunde ..." Er weiß, daß man ihn ernst genommen und verstanden hat. Das geht nicht immer, aber bei manchen Kindern wirkt es. Versuchen Sie es. Sie müssen dabei jedoch innerlich auf der Seite des Betreffenden stehen. Wie jedes Werkzeug kann auch diese Technik positiv eingesetzt *oder* mißbraucht werden.

| **Donnerstag** | **Positive Absicht** |

Wenn ein Kind sich unangemessen verhält, suchen Sie nach der zugrunde liegenden positiven Absicht und helfen Sie ihm, einen besseren Weg zum Ziel zu finden. So sucht vielleicht ein Kind, das andere ärgert, Freunde. Zeigen Sie ihm, wie man Freunde gewinnt – es soll einiges ausprobieren und Ihnen dann berichten. Ein Schüler, der betrügt, möchte eine gute Note. Sagen Sie ihm genau, was er tun muß, um die gewünschte Note zu erreichen. Helfen Sie ihm bei der Planung dafür.

| **Freitag** | **Positive Anweisungen** |

In Ihrer Sprache sind immer "Befehle" enthalten *(embedded commands)*. Zum Beispiel: "Wenn ihr schnell arbeitet, habe ich noch einige Kreuzworträtsel für euch." Der verborgene Befehl lautet: "Arbeitet schnell!" Achten Sie auf diese Befehle in Ihren Gesprächen. Achten Sie darauf, daß Sie nur solche Anweisungen geben, die Sie auch ausgeführt haben möchten. Anstatt "Ich hoffe, ihr vergeßt eure Hausaufgaben nicht" sagen Sie: "Ich hoffe, daß ihr an eure Hausaufgaben denkt." Statt "Fallt nicht hin": "Seid vorsichtig."

Achten Sie heute auf die verborgenen Befehle – achten Sie darauf, daß sie positiv sind.

Ich führe die Kinder zu positivem Verhalten.

	Woche vom _____ bis _____	
Montag	Angleichen und führen	Wie ich mich angeglichen und geführt habe:
Dienstag	Nutzanwendung	Wie ich Zwischenfälle genutzt habe:
Mittwoch	Polaritätsreaktion	Welche Ergebnisse ich bei Polaritätsreaktionen erzielt habe: (Denken Sie an das Mitgefühl!)
Donnerstag	Positive Absicht	Wo ich positive Absichten entdeckt und geholfen habe:
Freitag	Positive Anweisungen	Welche Anweisungen ich ausgesprochen habe: Klopfen Sie sich ermunternd auf die Schulter, Sie haben neue Ideen ausprobiert!

| **23. Woche** | **Erschaffen Sie sich Ihre eigene Umwelt in Wort und Bild!** |

Wir schaffen uns unsere Umwelt und unsere Lebensumstände durch unsere Art zu denken. Unsere Handlungen sind das Ergebnis unserer Denkprozesse. Wenn uns das, was wir geschaffen haben, nicht gefällt, können nur wir es ändern.

Montag — Bilder

Schauen Sie sich die Bilder und Sprüche, die in Ihrem Klassenzimmer hängen, genau an. Sind sie positiv, ermutigend, förderlich für das Leben – oder eher entmutigend, angsterweckend? Schauen Sie jedes an und achten Sie dabei auf Ihre Gefühle. Welche Botschaft vermittelt das Bild? Wollen Sie das in Ihrem Leben erreichen? Die Bilder und Sprichwörter um Sie herum werden prägend für Ihr Leben. Wenn Ihnen diese Richtung nicht gefällt, ändern Sie sie! Fangen Sie damit an, daß Sie die betreffenden Bilder auswechseln.

Machen Sie das zusammen mit Ihren Schülern. Wenn Sie ihre Aufmerksamkeit im Klassenzimmer schulen, dann können die Kinder dasselbe auch zu Hause in ihrem eigenen Zimmer tun. Wie viele Alpträume werden weichen, wenn sie das Tigerbild entfernen?!

Dienstag — Innere Bilder

Ein junges Mädchen bewegte sich mit der Geschicklichkeit einer Seiltänzerin über einen Balken, der am Boden lag. Als ihr Vater den Balken auf zwei Stützen etwa sechzig Zentimeter über dem Boden legte, wurde sie ungeschickt und fiel oft herunter. Welches Bild schuf sie in ihrem Kopf, so daß sie einmal sehr anmutig, das andere Mal nur noch schwerfällig war? Die Veränderung der Bilder in Ihrem eigenen Kopf hat einen sehr viel stärkeren Einfluß auf Ihr Leben als der Wechsel der Bilder in Ihrem Zimmer.

Achten Sie auf das, was Sie denken. Haben Sie sich schon einmal vorgestellt, daß Sie auf Eis hinfallen, und sind dann tatsächlich gestürzt? Sie stellten sich vor, daß Sie etwas fallen ließen, kurz bevor es tatsächlich fiel? Wenn Ihnen das nicht gefällt, ändern Sie es. Stellen Sie sich vor, daß Sie sich anmutig und entspannt bewegen, und Sie werden merken, wie es Ihnen gelingt.

Machen Sie heute mit den Kindern irgendwelche Bewegungsübungen (zum Beispiel: Tanzfiguren, Turnübungen, Finger- oder Handbewegungen, Schreibübungen). Sprechen Sie dann über die Wirkung innerer Bilder. Die Schüler sollen sich vorstellen, daß sie dieselben Übungen mit Grazie und ohne Mühe, richtig und vollkommen durchführen. Sie sollen sich jeden Arm, jedes Bein und jede Hand vorstellen und wie diese sich harmonisch bewegen. Dann erst machen die Schüler die Übung noch einmal. Achten Sie auf die Veränderungen. Fordern Sie die Kinder dazu auf, das auf andere Bereiche in ihrem Leben zu übertragen.

Mittwoch — Positive Aussagen

Was Sie zu Kindern sagen, wirkt sich direkt auf ihr Verhalten aus. Die Mutter, die zu ihrem Kind sagt: "Fall nicht" oder "Paß auf", hat wahrscheinlich ein Kind, das häufig verunglückt. Dagegen hat die Mutter, die ihr Kind auffordert: "Sei vorsichtig", "Leg das sachte ab", ein umsichtiges, geschicktes Kind. Kinder verhalten sich entsprechend dem Bild, das wir von ihnen haben – sei es positiv oder negativ.

Achten Sie heute darauf, wie Sie formulieren, wenn Sie Anweisungen geben. Sagen Sie: "Denkt daran ...", "Geht leise", "Arbeitet schnell und ruhig". Merken Sie sich Ihre negativen Sätze und notieren Sie sie hier. Formulieren Sie anschließend dafür positive Sätze.
(Siehe nächste Seite)

Statt: in Zukunft:

Statt: in Zukunft:

Statt: in Zukunft:

Statt: in Zukunft:

Statt: in Zukunft:

Donnerstag   **Innere Leitsätze**

Worte, die Kinder in ihrem ganzen bisherigen Leben gehört haben, werden zu den inneren Leitsätzen, die sie im täglichen Leben befolgen. Geben Sie Ihren Schülern neue positive Merksätze, die sie zu ihren bereits vorhandenen produktiven Leitsätzen hinzufügen oder die sie anstelle negativer, nutzloser Sätze nehmen können. Besprechen Sie, welche Leitsätze das Mädchen aus der Geschichte vom Dienstag wohl benutzt hat, als sie leichtfüßig über den Balken lief und als sie dann ungeschickt wurde. Sammeln Sie positive Merksätze, die die Kinder nutzen können, wenn sie neue, schwierige Sachen ausprobieren. Lassen Sie jedes Kind eine positive Aussage, eine Affirmation, wählen oder formulieren und ein Poster daraus machen. Schmücken Sie Ihr Klassenzimmer mit positiven Postern!

Freitag   **Fangen Sie an!**

Ermuntern Sie die Kinder, diese positiven Sätze, Bilder und Gefühle während des Tages immer wieder zu nutzen. Schlagen Sie vor, daß sie einen Satz wählen, den sie sich jeden Morgen beim Aufwachen sagen, wenn sie sich ihre Möglichkeiten für den Tag ausmalen. Ermuntern Sie sie, sich positive Gefühle zu schaffen, indem sie sich ihre Fähigkeiten und ihren Wert vorstellen und bestätigen.

Beginnen Sie den Schultag damit, daß sich alle vorstellen, wie sie an diesem Tag erfolgreich arbeiten. Lassen Sie heute die Schüler visualisieren, wie ordentlich ihre schriftlichen Arbeiten aussehen, wie sie in bester Handschrift geschrieben sind. Lassen Sie "Ich kann es" zur Aufmunterung auf Zettel schreiben. Suchen Sie weitere kreative Möglichkeiten, um diese Ideen anzuwenden!

Ich schaffe mir meine Umgebung!

	Woche vom _____ bis _____	
Montag	Bilder im Klassenzimmer auswechseln Zeit:	Ich wechsle folgende Bilder aus:
Dienstag	Innere Bilder Zeit:	Stellen Sie sich vor, daß Sie erfolgreich unterrichten, daß Sie alle Situationen sachkundig mit Eleganz und Grazie meistern.
Mittwoch	Positive Aussagen Zeit:	Positive Aussagen, die ich bei den Schülern verwende:
Donnerstag	Innere Leitsätze Zeit:	Meine eigenen positiven Leitsätze:
Freitag	Fangen Sie an!  Den ganzen Tag lang!	Ich werde:

| 24. Woche | **Erschaffen Sie sich Ihre Gefühle!** |

Die positiven Bilder und Sätze werden nur dann prägend für Ihr Leben, wenn Sie die entsprechenden Gefühle dazu haben. Einige Kulturen lehren ihre Kinder, ihre Gefühle ebenso leicht zu verändern wie innere Bilder und Sätze.

| Montag | **Gefühle verändern** |

Sagen Sie den Kindern, sie sollen sich einen Lieblingsplatz vorstellen und dieses Bild dann verändern. Sie sollen innerlich auf ihr Lieblingslied lauschen und dann ein anderes Lied wählen. Machen Sie ihnen klar, daß sie ihre Gefühle ebenso leicht verändern können wie Bilder und Klänge. Fordern Sie sie auf, sich ärgerlich ..., glücklich ..., verwirrt ..., traurig ..., freudig erregt .., überrascht ..., entzückt usw. zu fühlen. Genauso prompt, wie sie ihre Gefühle in dieser Übung veränderten, können sie ihre Gefühle auch in Situationen verändern, in denen ihnen ihre Gefühle unangenehm sind. Bis heute wurde diese Fähigkeit in unserer Kultur nicht allgemein gelehrt, wie dies in einigen anderen Kulturen der Fall ist. Was andere können, das können wir auch. Lassen Sie die Schüler sich eine Situation vorstellen, in der sie die damit verbundenen Gefühle nicht mögen, und lassen Sie sie die Gefühle verändern, während sie sich die gleiche Situation in Bildern und Klängen vorstellen. Die Schüler sollen Ihnen berichten, wenn sie das auch in ihrem Alltag schaffen.

| Dienstag | **Die "Haltung des Tüchtigen"** *(position of competence)* |

Entspannen Sie und experimentieren Sie: Denken Sie an eine Situation, in der Sie sich erfolgreich und zuversichtlich fühlten ... Achten Sie dabei auf Ihre Körperhaltung und Atmung. Ihr Körper reagiert und drückt Zuversicht und Erfolg aus, er nimmt die "Haltung des Tüchtigen" ein. Diese Körperhaltung und Atmung stehen Ihnen zur Verfügung, wann immer Sie wollen. Können Sie sich an einen Vorfall erinnern, bei dem Sie gerne anders gehandelt hätten? Achten Sie auf Ihre Gefühle – möchten Sie sich wieder tüchtig fühlen? Gehen Sie in die Haltung des Tüchtigen und atmen Sie entsprechend. Spüren Sie es! Atmen Sie! Das steht Ihnen auf Wunsch zur Verfügung. Sie brauchen sich nie mehr schwach zu fühlen. Nehmen Sie einfach diese Haltung ein und atmen Sie.

Geben Sie diese Erfahrung an Ihre Schüler weiter. Führen Sie ihnen das eben geschilderte Experiment noch einmal vor.

Achten Sie auch darauf, daß Ihre Schüler in der Haltung des Tüchtigen sind, wenn sie etwas leisten sollen: dann können sie Bestleistungen erbringen. Fordern Sie sie auf, gerade zu sitzen ..., zu atmen ..., an Erfolg zu denken ... und dann zu beginnen.

| Mittwoch | **Synästhesie** |

Haben Sie schon einmal die Musik 'gefühlt'? Haben Sie einen Wechsel Ihrer Stimmung bemerkt, als Sie ein Bild betrachteten? Manchmal werden unsere Gefühle von inneren Bildern und Klängen beeinflußt, deren wir uns nicht bewußt sind. Wir 'fühlen' ein Bild oder Worte, anstatt das Bild zu sehen und die Worte zu hören.

Wenn Sie manchmal Gefühle haben, die Ihnen unangenehm sind, sollten Sie auf Ihre inneren Bilder achten, auf Klänge oder einen Dialog. 'Betrachten' Sie die Bilder, hören Sie auf die Worte und Klänge. Dann ändern Sie Ihr Gefühl, indem Sie diejenigen Bilder und Klänge oder Worte herbeiholen, die es Ihnen erlauben, sich so zu fühlen, wie Sie es möchten!

Lassen Sie heute Ihre Schüler mit der Synästhesie 'spielen'. Spielen Sie ihnen Musik zum 'Fühlen' vor. Fordern Sie sie auf, aus dem Mund anderer Menschen

Farben kommen zu 'sehen' anstelle von Worten. Lassen Sie sie Bilder 'hören'. Dann machen Sie sie mit dem Gedanken vertraut, daß unbewußte Bilder und Klänge oder Worte in uns Gefühle wecken, und mit der Methode, diese Gefühle zu ändern.

Donnerstag **Ein positives Wort im Augenblick des Ärgers**

Lehren Sie Ihre Schüler, die emotionale Energie ihres Ärgers zu nutzen, um ihr Leben zu verändern. Am besten wiederholen sie "Liebe" oder "Frieden" oder ein anderes positives Wort, wenn sie ärgerlich sind. Die emotionale Energie haftet an dem Wort und bringt Liebe und Frieden mit sich – und damit die Gelegenheit für eine neue Perspektive und Verständnis. Versuchen Sie es selbst und geben Sie es an Ihre Schüler weiter.

Freitag **Kopie**

Sie behalten das Original und geben die Kopie irgendwelcher Worte und Gedanken an andere Menschen weiter: So arbeitet unser Gehirn. Was wünschen Sie sich von Ihrem Leben? Gesundheit – Liebe – Frieden – Kompetenz – herausragende Leistungen – Denken Sie sich das für andere ..., wünschen Sie es ihnen – und bekommen Sie es selbst!

Geben Sie Ihren Schülern heute kleine Stücke von Kohlepapier. Erklären Sie ihnen, daß wir selbst das Original von allem behalten, was wir anderen geben. Lassen Sie sie Botschaften für andere aufschreiben (oder malen) – sie sollen aber das Original behalten! Wenn sie das einige Zeit getan haben, sollen sie sich ihre Originale anschauen – auf diese Botschaften bauen sie ihr Leben auf. Wenn ihnen etwas nicht gefällt, sollen sie es verändern. Lassen Sie sie neue gedankliche Botschaften für andere Menschen aufschreiben.

Wahlweise: Führen Sie sie in eine Meditation mit positiven, freundlichen Gedanken und Erfolgswünschen für ihre Familie, ihre Freunde und alle Menschen auf dieser Welt.

Ich erschaffe mir meine Gefühle!

	Woche vom _____ bis _____	
Montag	Gefühle verändern Zeit:	Experimentieren Sie mit Ihren eigenen Gefühlen jetzt und in der Zukunft – verändern Sie sie nach Belieben …
Dienstag	Die Haltung des Tüchtigen Zeit:	Eine Situation, in der ich mich besonders tüchtig fühlte:
Mittwoch	Synästhesie Zeit:	Experimentieren Sie, wenn Sie das nächste Mal Kopfweh haben oder sich verspannt fühlen. Achten Sie auf visuelle Vorstellungen – verändern Sie sie. Achten Sie auf auditive Botschaften oder Klänge – ändern Sie sie. Fühlen Sie sich besser!
Donnerstag	Ein positives Wort im Augenblick des Ärgers Zeit:	Wenn ich das nächste Mal ärgerlich bin, werde ich folgendes positive Wort sagen:
Freitag	Kopie Zeit:	Meine Botschaften für andere:

| 25. Woche | **Beziehungen anknüpfen** |

Bis zu einem gewissen Grad haben wir Einfluß darauf, mit welchen Menschen wir uns umgeben und wie diese uns behandeln.

| *Montag* | **Komplimente** |

Besprechen Sie mit Ihren Schülern, wie sie sich fühlen, wenn sie Komplimente erhalten, welche Arten von Komplimenten sie am liebsten haben und welche ihnen unangenehm sind. Üben Sie im Rollenspiel, wie man Komplimente annimmt und wie man selbst jemandem ein Kompliment macht.

Heute ist es Aufgabe der Schüler, an drei Personen Komplimente zu verteilen. Sie sollen auch auf die Reaktion des Betreffenden achten. Besprechen Sie vorher, worauf sie bei der Beurteilung der Reaktion achten sollen. Lassen Sie die Schüler die Komplimente anders formulieren, wenn die angesprochene Person durch das Kompliment unangenehm berührt schien.

| *Dienstag* | **Aktiv sein** |

Besprechen Sie die gestrigen Ergebnisse beim Verteilen von Komplimenten.

Sprechen Sie heute darüber, was es heißt, aktiv zu sein. Es gibt Menschen, die aktiv sind und handeln, und es gibt die anderen, die warten, daß andere etwas tun, und erst dann reagieren. Tragen Sie zusammen, was aktive Menschen tun: sie grüßen zuerst, fordern andere zum Spielen auf usw. Wenn andere Menschen es schaffen, aktiv zu sein, können die Schüler es ebenfalls lernen. Sie legen eine Stunde für jeden Tag fest, in der sie aktiv handeln.

| *Mittwoch* | **Ankern** |

Sprechen Sie über die Erfahrungen, die die Schüler beim Verteilen von Komplimenten und beim aktiven Tun gemacht haben.

Anker sind Auslöser, die jedes Mal eine spezifische Reaktion hervorrufen. Erinnern Sie sich an den Duft frisch gebackener Plätzchen? – An das Lächeln eines geliebten Menschen? – An Ihren Lieblingssong? – Die Berührung eines Freundes? Achten Sie auf Ihre Reaktion. Diese Anker bringen beständig die gleiche Reaktion.

Mit der Art und Weise, wie Sie Ihre Schüler berühren, wie Sie sie loben und wie Sie ihnen zulächeln, richten Sie Anker ein, die Sie nutzen können, um das Gefühl des Erfolges wieder wachzurufen. Beginnen Sie heute, diese Anker bei Ihren Schülern einzurichten. Gehen Sie auf die einzelnen Schüler ein: Wodurch fühlen sie sich glücklich und erfolgreich? Wenn sie dieses Gefühl erleben, lächeln Sie ihnen zu, berühren Sie sie oder sagen Sie etwas; tun Sie etwas, was Sie später wiederholen können, um dieses Gefühl wieder hervorzurufen.

| *Donnerstag* | **Die gewünschte Reaktion von anderen bekommen** |

Besprechen Sie mit den Schülern, wie sie oft bewußt andere wütend oder ärgerlich machen – wie sie den jüngeren Bruder ärgern, wie sie Mutter oder Vater reizen, wie sie 'vergessen', was Mutter ihnen aufgetragen hat. Wieviel Macht sie haben! Die gleiche Macht können sie dazu verwenden, anderen Menschen ein gutes Gefühl zu geben, damit diese in ihrer Gegenwart glücklich sind oder etwas für sie tun. Sie können Menschen dazu bringen, sie so zu behandeln, wie sie es wünschen.

Lassen Sie die Schüler wählen, welche Reaktion sie von jemandem haben möchten, und lassen Sie sie drei Wege nennen, auf denen das zu erreichen wäre. Als Hausaufgabe sollen sie das ausprobieren, und am anderen Tag wird darüber gesprochen.

Freitag — Besprechung und Wiederholung

Besprechen Sie, inwieweit die Schüler die gewünschte Reaktion erzielt haben. Wenn ja – großartig! Haben sie die gewünschte Antwort nicht erreicht, können sie überlegen, ob sie immer noch die gleiche Reaktion erzielen wollen oder ob sie etwas anderes wählen. Wenn sie es noch einmal probieren wollen, können sie sich drei neue Wege dazu überlegen.

Sprechen Sie noch einmal über die Bedeutung von Komplimenten und aktivem Handeln. Machen Sie den Schülern klar, daß sie das in der Zukunft weiterführen können, nächste Woche, nächstes Jahr und so weiter. Lassen Sie sie für die Zukunft Gelegenheiten ausmalen, wo sie diese Dinge anwenden können.

Ich bin verantwortlich für die Antwort, die ich von anderen bekomme ...

	Woche vom _____ bis _____	
Montag	Komplimente	Ich verteilte heute drei Komplimente:
		1.
		2.
	Zeit:	3.
Dienstag	Aktiv sein	So wird es sein, wenn ich aktiv werde:
	Zeit:	
Mittwoch	Ankern	LÄCHELN – BERÜHREN – LOBEN
Donnerstag	Die gewünschte Reaktion von anderen bekommen	Von wem:
		Die gewünschte Reaktion:
		Ich werde drei Wege ausprobieren:
		1.
	Zeit:	2.
Freitag	Besprechung und Wiederholung	3.
		Einschätzung des Erfolgs:
		Drei weitere Möglichkeiten oder etwas anderes, was ich mir wünsche:

| 26. Woche | **Kommunikation mit anderen** |

Wir kommunizieren auf vielen Wegen: durch Taten, Gesten, Berührungen, Klänge und durch den Gebrauch unserer Sprache. Wir sind uns vielleicht über die Bedeutung bestimmter Wörter, Sätze, Gesten einig, vielleicht aber auch nicht. Wenn wir denken, wir "verstehen" andere oder sie "verstehen" uns, dann ist das kaum realistischer als der Gedanke, daß alle Menschen gleich seien! Dennoch können der 'Sprecher' und der 'Zuhörer' viel tun, um gute Kommunikation zu gewährleisten.

| **Montag** | **Wie sage ich es?** |

Dem Sprecher muß klar sein, daß sein Zuhörer etwas noch nicht weiß – und daß dieser nur das wissen wird, was er als Sprecher ihm übermittelt.

Der Sprechende redet mit unterschiedlichen Leuten oder Gruppen jeweils anders. Besprechen Sie diese Tatsache mit ihren Schülern und geben Sie Beispiele, oder machen Sie das im Rollenspiel deutlich:

1. Alter: Wie sprecht ihr mit Erwachsenen, mit Gleichaltrigen, mit Jüngeren, mit einem Baby, einem Tier?

2. Vorhandenes Wissen: Ihr müßt sehr viel mehr erklären, wenn ihr zum Beispiel jemandem, der Baseball nicht kennt, einen *home run* erklären wollt. Andererseits brauchst du mit deinem Freund nur einen Blick zu wechseln und er weiß: "Joe macht schon wieder das gleiche."

3. Prädikate: Wenn du jemandem zuhörst, kannst du herausfinden, ob jemand eher "sieht", wie die Dinge sind, ob er "hört", was du sagst, oder ob er "fühlt", wohin es ihn zieht. Dann kannst du den anderen "sehen" lassen, ihm etwas "sagen" oder ihm ein "Gefühl" für etwas geben, indem du dieselben Prädikate verwendest.

4. Wenn du jemanden zu etwas überreden willst, hilft dir das, was du über ihn weißt – seine Interessen, seine Bedürfnisse, schwache Stellen, Strategien:

   a) Wer gibt nach, wenn du quengelst ..., schreist ..., schmollst ... oder ausnehmend nett bist?

   b) Von wem bekommst du, was du möchtest, für eine Umarmung, für eine Süßigkeit oder für Geld?

   c) Wenn Bobby immer sagt: "Komm schon, das macht irre Spaß!", kannst du ihn mit denselben Worten überreden, und du wirst staunen, wie schnell er kommt!

Eine zusätzliche Übung: Teilen Sie die Schüler in Dreiergruppen ein.

1. Teil: A versucht B zu etwas zu überreden. (Danach versucht B C, dann C A zu überzeugen.) Besonders soll auf die Strategien geachtet werden.

2. Teil: Dieselbe Aufgabe, aber diesmal wird die eigene Strategie eines Schülers dazu verwendet, ihn selbst zu überreden! Diskussion des Ergebnisses.

Sie haben diese Dinge gelernt, weil sie wirksam sind. Die Beschäftigung damit, *was* Sie tun und *wie* Sie es tun, verhilft Ihnen dazu, diese Prinzipien bewußt zu nutzen, um Ihre Kommunikation und Ihr "Verstehen" voranzubringen.

| **Dienstag** | **Der Zuhörer: Verstehen, was gemeint ist** |

Der Zuhörer muß sich selbst darum kümmern, daß er alles, was gesagt wird, hört und versteht. Lehren Sie Ihre Schüler die folgenden drei Prinzipien:

Der Zuhörer kann den Sprecher bitten ...

1. eine Information zu wiederholen: "Ich habe das nicht verstanden, würdest du es bitte wiederholen?"

2. präziser zu werden: "Wer ist mit 'er' gemeint?" – "Was hat er gemacht?" usw.

3. dasselbe noch einmal mit anderen Worten zu sagen: "Erkläre mir das bitte noch mal anders."

Zur Übung können Sie Ihren Schülern eine Geschichte erzählen, bei der Sie absichtlich Wörter oder ganze Sätze auslassen – oder Sie lassen die Schüler sich gegenseitig etwas erzählen und anschließend Fragen stellen.

Fordern Sie die Schüler auf, in Ihrem Unterricht mit Fragen zu beginnen. Loben Sie sie, wenn sie diese Erkenntnisse im Alltag in die Tat umsetzen.

Mittwoch Der Zuhörer: Kongruenz

Der Zuhörer erfährt durch die Sprechweise eines anderen Menschen sehr viel: Stimmlage, Veränderungen der Tonlage, sprachlicher Ausdruck, ob Dialekt oder Slang usw. Der Zuhörer zieht auch aus nonverbalen Hinweisen seine Schlüsse: Haltung, Entfernung und Kontakt zum Sprechpartner, Mimik usw. Wir reagieren auf diese Hinweise, egal ob wir sie bewußt wahrnehmen oder nicht. Ist es Ihnen nicht auch schon passiert, daß Sie vor einem Gesprächspartner einen Schritt zurückgewichen sind, da er Ihnen zu nahe gekommen ist?

Lehren Sie heute Ihre Schüler, auf die Stimmlage und Veränderungen derselben und auf nonverbale Hinweise zu achten, während sie jemandem zuhören. Sie sollen diese Eindrücke außerdem mit dem vergleichen, *was* gesagt wird. Besteht Kongruenz? Stimmt beides überein? Wenn nicht, welches von beiden glauben sie?

Übung 1: Spielen Sie mit unterschiedlichem stimmlichem Ausdruck. Geben Sie Beispiele mit unterschiedlicher Betonung und Stimme. Zum Beispiel: "Komm her". – "Hast du verstanden, was ich sagte?" Fordern Sie die Schüler auf, Sätze zu finden, die mehrdeutig sind. Lassen Sie auch Sätze suchen, die durch unterschiedliche Tonlage, Tempo und Modulation mehrfache Bedeutung erhalten können. Sind die Schüler schon reif genug, können Sie auch Sarkasmus erklären und üben.

Übung 2: Lassen Sie die Schüler verschiedene Zustände nonverbal "ausagieren", wie zum Beispiel Ungeduld, Freude, Überraschung, Wut usw. Die übrigen schauen zu und versuchen, den Zustand zu erraten.

Übung 2 a: Bereiten Sie zwei Arten von Karten vor – eine Art enthält bestimmte Zustände, die andere Gefühlsbeschreibungen, zum Beispiel: "Das mag ich!" – "Ich bin wütend." – "Ich bin glücklich." – Ein Schüler wählt aus jedem Stoß eine Karte und spielt beide Aussagen gleichzeitig vor. Beide können zusammenpassen oder auch nicht. Lassen Sie die übrige Klasse die *nonverbale* Botschaft erraten und dann beurteilen, ob beide Botschaften kongruent sind. Welche glauben sie? Warum?

Donnerstag Ergebnis *(outcome)*

Wenn der Zuhörer die Aussage verstanden hat, will er vielleicht antworten. Dann wird er zum Sprecher. Er sollte sich nicht nur überlegen, *was* er sagen und *wie* er es sagen möchte, sondern auch, was er *erreichen* will: zum Beispiel einen Kompromiß; daß Alternativen in Betracht gezogen werden; Informationen weitergeben usw.

Behandeln Sie folgende Strategie in Ihrem Unterricht:

1. ein bestimmtes Ziel im Auge behalten;
2. ein positives Gefühl verspüren, als ob man sein Ziel erreicht hätte;
3. im Ausdruck, im Verhalten usw. flexibel sein;
4. auf die Reaktionen des Gesprächspartners achten, bis
5. das, was gerade geschieht, mit dem gewünschten Ziel übereinstimmt oder man entscheidet, sein Ziel aufzugeben und etwas anderes zu tun.

Die Bedeutung Ihrer Aussage ersehen Sie aus der Antwort, der Reaktion, die Sie darauf erhalten. Wenn Ihnen die Antwort nicht gefällt, ändern Sie Ihre Aussage!

Übung: Teilen Sie die Schüler in Dreiergruppen ein – A als Sprecher, B als Zuhörer, C als Beobachter. Der Sprecher überlegt sich, was er erreichen will, zum Beispiel soll der Zuhörer irgendwo hingehen; er soll einen Text verstehen und wiedergeben können; er soll sagen, was er über eine bestimmte Sache weiß. Der Zuhörer hört zu und antwortet. Der Beobachter beobachtet beide und achtet darauf, daß beide bei der Sache bleiben. Der Sprechende behält sein Ziel im Auge und paßt es immer wieder an das an, was gerade vor sich geht – er hört auf, wenn er sein Ziel erreicht hat, oder er entscheidet, daß er sein Ziel nicht erreichen kann. Jeder Schüler soll einmal A, B und C sein.

Besprechen Sie das Ergebnis und beantworten Sie etwaige Fragen.

Freitag — Kommunikationsstrategie

Setzen Sie in einer Wiederholung alle Schritte zusammen. Der Sprecher entwirft ein Ergebnis und überlegt sich, wie er es sagt. Dann beginnt er zu sprechen und behält dabei sein Ziel im Auge, während er auf Reaktionen des Gesprächspartners achtet; er variiert seine Aussagen, bis er die gewünschte Antwort bekommt. Währenddessen gibt der Zuhörer Feedback darüber, ob er alles verstanden hat oder ob er noch mehr wissen muß. Er achtet auf die Stimme und auf das nonverbale Verhalten und überprüft, ob der Sprecher kongruent ist oder nicht. Der Zuhörer denkt gleichzeitig auch nach, zieht seine eigenen Schlüsse, setzt sich ein Ziel und wird selbst Sprecher. Nun ist der andere als Zuhörer an der Reihe. Dieser Wechsel wiederholt sich, genauso wie Tennisspieler einen Ball vorgeben, zugespielt gekommen und wieder weitergeben.

Übung: "Am Ball"

Die Schüler bilden Dreiergruppen: ein Beobachter und zwei Gesprächspartner. Einer hat einen Ball mit der Aufschrift "Sprecher", der andere einen mit der Aufschrift "Zuhörer". Der Beobachter ist der Schiedsrichter, der darauf achtet, daß die Regeln befolgt werden. Hat ein Partner den Zuhörerball, kann er nur Fragen zur Klärung stellen und sagen, ob er etwas verstanden hat. Möchte er dem anderen etwas mitteilen, muß er um den Sprecherball bitten. Der Sprecher kann ihm den Ball geben oder diesen behalten, bis er selbst zu Ende gesprochen und/oder sein Ziel erreicht hat und bereit ist zuzuhören. Dann werden die Bälle gewechselt. Jedes Mal, wenn die Position wechselt, werden die Bälle ausgetauscht. Geben Sie für den Anfang Themen vor, zum Beispiel: Sollten wir die Pauseneinteilung ändern? Eltern sind zu streng. ... Oder die Schüler wählen eigene Themen. Jedes Kind soll einmal Spieler und einmal Schiedsrichter sein. Bevor Sie mit Unterrichten fortfahren, nehmen Sie sich Zeit, um die Erfahrungen zu besprechen und Fragen zu beantworten.

Die Antwort, die ich erhalte, zeigt mir die Bedeutung meiner Botschaft.

	Woche vom _____ bis _____	
Montag	Wie sage ich es? Zeit:	Achten Sie heute darauf, wie Sie Informationen für verschiedene Menschen unterschiedlich verpacken.
Dienstag	Der Zuhörer: Verstehen, was gemeint ist Zeit:	Hören Sie jemandem aufmerksam zu; lassen Sie ihn wissen, was Sie verstehen und was nicht; fragen Sie nach. Vergewissern Sie sich, daß Sie die Botschaft verstehen!
Mittwoch	Kongruenz Zeit:	Achten Sie darauf, während Sie jemandem zuhören, ob die Stimmlage/der Wechsel der Stimmlage und die Körpersprache mit der verbalen Aussage übereinstimmen. Wenn nicht, was halten Sie für wahr?
Donnerstag	Ergebnis Zeit:	Überlegen Sie sich ein Ziel – variieren Sie Ihr Verhalten und achten Sie auf die Reaktion. Haben Sie erreicht, was Sie wollten?
Freitag	Am Ball	Wenn Sie heute mit Menschen sprechen, stellen Sie sich vor, Sie hätten den Sprecherball oder den Zuhörerball in Händen; achten Sie darauf, wie die Bälle hin- und herwandern.

| 27. Woche | **Durch den Sprachgebrauch unsere Erfahrung der Welt bereichern** |

Wir erfahren die Welt durch unsere Sinne. Wir sehen, hören, fühlen, schmecken und riechen. Als Kinder lernten wir die Sprache und faßten unsere Erfahrungen in Worte. So haben wir eine bestimmte Erfahrung – einen bestimmten Zusammenhang von Gefühlen, Ansichten, Berührungen, Geschmackseindrücken und Gerüchen – mit einem bestimmten Wort assoziiert. Das Wort wurde zum Anker oder zur Assoziation für eine Erfahrung. Mit den Jahren haben wir uns vielleicht immer mehr nur noch auf die Worte verlassen und wurden uns der tatsächlichen Erfahrung immer weniger bewußt; wir spürten immer weniger vom Geschmack, vom Anblick, vom Gefühl, Geruch und Klang des Lebens – und wurden uns im Endeffekt selbst entfremdet. Aber der Sprachgebrauch ist eine Gewohnheit. Wir können erneut Sprachgewohnheiten entwickeln, die uns unseren Erfahrungen wieder näherbringen.

Montag — Gebrauch von Pronomina

Als jemand zum ersten Mal "man" sagte (im Englischen: *they*), wußte er sehr wahrscheinlich, wer gemeint war. Mit der Zeit aber erhielt "man" die Bedeutung einer namenlosen Autorität, der viele von uns blind gehorchen: "Man sagt ..." Wer aber ist "man"?

Die Frage "Wer genau ist gemeint?" kann ein erster Schritt sein, um uns von der Tyrannei einer einengenden Sprachgewohnheit zu befreien. Wenn Sie also heute hören, wie die Schüler "man" oder ein anderes Pronomen unspezifisch anwenden, dann fragen Sie: "Wer genau?" oder "Was genau?" Wenn ein Kind sagt: "Das mag ich gern", können Sie es durch die Frage: "Was genau magst du gerne?" wieder mit seiner Erfahrung in Berührung bringen. Dann wird seine Schilderung dessen, was es mag, seine tatsächliche Erfahrung besser beschreiben. Die kindliche Erfahrung wird bereichert, und Sie können es besser verstehen.

Dienstag — Adjektive zur Beschreibung

Wenn wir uns angewöhnen, Adjektive zu verwenden und genau zu beschreiben, bereichern wir nicht nur das Verständnis anderer, sondern wir werden auch selbst ermutigt, die Welt genauer zu betrachten. Schnee ist einfach Schnee, solange wir nicht Ski fahren: dann gibt es Pulverschnee, Firnschnee, Pappschnee usw.

Widmen Sie heute eine Stunde der Beobachtung. Bereiten Sie Gegenstände vor, die die Schüler betasten, beriechen, kosten können usw. Vielleicht eine Erdbeere und ein knuspriges Keks. Geben Sie Zeit zum Betrachten und Entdecken. Sammeln Sie Wörter zum Beschreiben. Lassen Sie Sätze zu den Gegenständen bilden, in denen diese Wörter verwendet werden. Fordern Sie die Schüler auch weiterhin auf, sowohl schriftlich als auch mündlich genaue Beschreibungen zu liefern.

Mittwoch — Vergleichende Adjektive

Wir vergleichen ganz selbstverständlich, um zwischen Gegenständen, Fähigkeiten, Erfahrungen usw. zu unterscheiden. Wörter wie *mehr* oder *weniger*, die Silbe *-er* für den Komparativ, und *am* mit der Nachsilbe *-en* für den Superlativ sind Mittel, um den Vergleich zu kennzeichnen. Diese Erkennungsmerkmale helfen unserer Erinnerung und ermöglichen die Kommunikation mit anderen. Wenn wir Vergleiche anstellen, müssen wir beachten, was wir als Basis für unseren Vergleich nehmen und welche Gegenstände wir vergleichen.

Suchen Sie heute im Unterricht nach Unterschieden zwischen ähnlichen Dingen. Setzen Sie die Vergleiche in eine Tabelle nach folgendem Muster (siehe nächste Seite). Damit können Sie Ihre Schüler lehren, die Sätze so zu formulieren, daß der Vergleich vollständig ist.

Zu vergleichende/s Objekt, Person, Erfahrung	Vergleich: mehr oder weniger, -er, am ...-en	Vergleichsobjekt	Implizite oder genannte Basis des Vergleichs
Dieser Winter	ist kälter	als der letzte Winter	nach Aussagen des Wetteramtes.
Der blaue Stuhl	ist der größte	von allen Stühlen im Raum,	was die Höhe anbelangt.
Diese Wolljacke	ist praktischer	als die Baumwolljacke,	um sich warm zu halten.

Dann lassen Sie die Schüler selbst Beispiele für Vergleiche finden und schriftlich oder mündlich Sätze bilden. Hören Sie in der Unterhaltung der Schüler unvollständige Vergleiche, können Sie fragen, um die Vergleiche komplett zu machen: "Was ist Vergleichsobjekt, Vergleichsgrundlage?" Damit wird ihre bewußte Wahrnehmung der eigenen Erfahrungen gesteigert.

Donnerstag **Verben (+ Subjekt und Objekt)**

Verben beschreiben eine Handlung. Dazu gehört ein Subjekt (genannt oder implizit) und manchmal ein Objekt. Je genauer wir Subjekt und Objekt beschreiben, desto mehr nähert sich unsere Sprache unserer Erfahrung an. "Die Jungen jagen uns" kann genauer dargestellt werden: "Bob und Joe jagen May und mich." – "Bob ist wütend" gibt einen anderen Eindruck als "Bob ist wütend auf seinen Bruder".

Achten Sie von heute an besonders auf die mündliche und schriftliche Sprache Ihrer Schüler. Lassen Sie Subjekt und Objekt zu genannten Verben genau nennen. Fragen Sie: "Wer hat es getan?" – "Glücklich worüber?" usw.

Freitag **Adverbien und präpositionale Bestimmungen**

Fordern Sie die Schüler auch auf, für eine genauere Beschreibung ihrer Erfahrung Adverbien und präpositionale Bestimmungen zu verwenden. Legen Sie eine Tabelle nach folgendem Muster an.

Subjekt	Verb	Objekt	Adverb	Wie?
Joey	reparierte	das Spielzeug	vorsichtig	mit dem Hammer.

Fördern Sie die Verwendung von Adverbien und präpositionalen Bestimmungen durch die Frage "Wie?".

Ich ermuntere meine Schüler, sich genauer auszudrücken.

	Woche vom _____ bis _____	
Montag	Pronomina spezifizieren	Wer ist *man*?
Dienstag	Beschreibende Adjektive Zeit:	Schließen Sie sich mit einem Beispiel an:
Mittwoch	Vergleichende Adjektive Zeit:	Bereichern Sie Ihre Welt. Werden Sie exakt bei Ihren Vergleichen!
Donnerstag	Verben (+ Subjekt und Objekt)	Wenn Sie Kinder nach ihren Erfahrungen befragen, sollten Sie das taktvoll und vorsichtig tun. Vermitteln Sie den Schülern, daß Sie mehr über sie und ihre Erfahrungen wissen wollen.
Freitag	Adverbien und präpositionale Bestimmungen Zeit:	

| **28. Woche** | # Generalisierung: Wie wir unsere Überzeugungen bilden |

Drei der gedanklichen Prozesse, die uns lernen, wachsen, überleben, die Welt erfahren und verstehen lassen, sind Generalisierung, Tilgung und Verzerrung. Anhand dieser Prozesse schaffen wir uns eine gedankliche Karte der Realität. Wenn wir aber unsere 'Landkarte' für die Realität halten, dann schränken uns eben diese Prozesse ein und halten uns von weiterem Lernen, von neuen Erfahrungen und Wachstum ab. Also müssen wir unsere Überzeugungen in Frage stellen, um Hindernisse zu überwinden und wieder Verbindung mit der Realität aufzunehmen.

Montag   **Nützliche Generalisierung**

Die Mutter hatte Reggie verboten, Sally zu schlagen, aber sie sagte nichts davon, daß er sie nicht treten sollte! Er verallgemeinerte die Bemerkung seiner Mutter nicht dahingehend, daß er andere nicht verletzen sollte. Wir lernen durch Generalisierungen. So lernen wir, daß all die Gegenstände mit einer Lehne, einem Sitz und vier Beinen zum Sitzen gedacht sind. Man beobachte nur einen Erstklässler, wie er mühevoll zählt: 6 Würfel + 1 Würfel = 7 Würfel, 7 Würfel + 1 Würfel = 8 Würfel, bis er dann verallgemeinern und sagen kann: "Ha! Eine Zahl plus eins ergibt einfach die nächste Zahl!" Die nützlichen Dinge, die Sie Ihren Schülern beibringen, sollen auch außerhalb des Schulbereichs angewendet werden: Sie lehren Ihre Schüler, wie man lernt, wie man mit wechselnden Gegebenheiten fertig wird, wie man denkt, wie man Neues entdeckt ... Helfen Sie ihnen, diese wichtigen Generalisierungen wiederzuerkennen, indem Sie sie lehren, das zu generalisieren, was sie gelernt haben. Wenn sie lernen, daß das Klima für die Getreideernte in Georgia sehr wichtig ist und daß es eine Rolle für das Tourismusgeschäft in der Schweiz spielt, dann generalisieren Sie daraufhin, daß es wichtig ist, sich in Geographie mit dem Klima zu befassen – und fragen Sie anschließend, wie das Klima in Rußland ist und wie es das Leben beeinflußt. Und darüber hinaus: welche anderen Generalisierungen bieten sich an, womit sollte man sich außerdem beschäftigen?– Suchen Sie sich für heute ein Thema und beginnen Sie.

Dienstag   **Genau sein**

Es wirkt einschränkend, wenn das Generalisieren übertrieben wird oder im falschen Zusammenhang geschieht. Kinder sprechen vielleicht von Situationen, die ihnen Kummer bereiten, in sehr allgemeinen Worten:

Kind:	Amy haßt mich!
Frage:	Woher weißt du das?
Kind:	Weil sie ärgerlich ist.
Frage:	Worüber ist sie ärgerlich?
Kind:	Weil ihr Vater sie sich vorgenommen hat.

oder

Kind:	Kinder dürfen nie das tun, was ihnen Spaß macht!
Frage:	Welche Kinder?
Kind:	Ich.
Frage:	Was kannst du nicht tun?
Kind:	Ich kann nach der Schule nicht spielen.
Frage:	Was hält dich davon ab?
Kind:	Ich muß erst den Müll raustragen.

Wenn die Sprechweise der Kinder exakter wird, ändert sich auch die Wahrnehmung eines Ereignisses. Wie bei der Frage: "Ist das Glas halb leer oder halb voll?" Achten Sie heute auf Situationen wie diese. Fragen Sie bei Ihren Schülern nach, befreien Sie sie von einschränkenden Generalisierungen und führen Sie sie damit näher an ihre tatsächliche Erfahrung heran.

| **Mittwoch** | **Übertreibung** |

Achten Sie auf Schlüsselwörter wie: alle, jeder, nichts, niemand, nie usw. Diese Wörter deuten auf mögliche Generalisierungen hin. Zum Beispiel: "Keiner beachtet mich." Übertreiben Sie die Generalisierung. "Meinst du, daß dich noch niemals irgend jemand beachtet hat?" Übertreiben Sie so stark, daß die Generalisierung offensichtlich falsch ist.– Beginnen Sie heute, einschränkende Generalisierungen dieser Art aufzudecken.

| **Donnerstag** | **Widersprüche** |

Wenn jemand eine einschränkende Generalisierung bringt, können Sie nachfragen, ob er noch nie etwas erlebt hat, was dieser Generalisierung widerspricht. Genügend andere Erlebnisse tragen dazu bei, daß eine neue Generalisierung geformt wird, die die alte erfolgreich in Frage stellt.

Kann sich der Befragte nicht an eine eigene gegensätzliche Erfahrung erinnern, können Sie fragen, ob er sich vorstellen könnte, daß er selbst oder jemand anders diese Erfahrung macht. Unser Verstand kennt keine Unterschiede zwischen einem realen Erlebnis und einem gefühlsmäßig erfahrenen, phantasierten Ereignis. Manchmal hilft es schon, auf einen Widerspruch hinzuweisen, der sich *im Augenblick* vollzieht. Wenn Sie also sagen: "Ich beachte dich gerade eben", stellen Sie die einschränkende Generalisierung in Frage.

| **Freitag** | **Komplexe Äquivalenzen (Gleichsetzungen)** |

Manchmal formen Kinder (und auch Erwachsene) eine Generalisierung über zwei Ereignisse, die in der Realität jedoch in keinem Zusammenhang stehen. Zum Beispiel: "Meine Mutter ist wütend. Sie haßt mich." Lösen Sie die Generalisierung auf, indem Sie fragen, ob derjenige glaubt, daß das stimmt: "Glaubst du, daß deine Mutter dich haßt, wenn sie wütend ist?"– Wenn das bestätigt wird, können Sie die Person wechseln und fragen: "Wenn du wütend bist, bedeutet das, daß du deine Mutter haßt?" – Wird auch das bestätigt, fragen Sie weiter: "Jedes Mal?" – "Ist es schon einmal vorgekommen, daß du wütend warst und sie nicht gehaßt hast?" – "Kannst du dir eine solche Situation vorstellen?" – "Bist du jetzt wütend?" – "Haßt du sie?" Wie Sie sehen, können Sie immer weiterfragen, und damit das Kind seiner Erfahrung näherbringen.

Wenn sie Überzeugungen und Generalisierungen ändern, können Menschen lernen und wachsen. Ohne die Fähigkeit, sich zu verändern, treten sie auf der Stelle.

* * *

Achtung: Die Modelle und Generalisierungen in diesem Buch sind nur nützlich, wenn wir sie als *Landkarte* betrachten. Verwechseln wir sie mit der Wirklichkeit, engen wir uns selbst ein. Wenn Sie die vorgegebenen Modelle benutzen, denken Sie daran, daß es Ausnahmen gibt, Situationen, in denen sie nicht wirksam sind oder nicht zutreffen. Erschaffen Sie neue Hypothesen, neue Modelle, arbeiten Sie mit diesen und stellen Sie auch diese in Frage. Wachsen Sie immer weiter!

Ich befreie mich von einschränkenden Generalisierungen!

	Woche vom _____ bis _____	
Montag	Nützliche Generalisierung	Thema: Generalisieren: Zeit:
Dienstag	Genau sein	Beschreiben Sie, wie Sie eine Aussage erfolgreich hinterfragt haben:
Mittwoch	Übertreiben	Bleiben Sie sensibel für die Gefühle der Kinder. Lachen Sie mit ihnen, nicht über sie!
Donnerstag	Widersprüche	Eine erfolgreich in Frage gestellte Überzeugung:
Freitag	Komplexe Äquivalenzen	Ich habe eine komplexe Äquivalenz entdeckt und in Frage gestellt, nämlich:

| **29. Woche** | # Tilgung: Wie wir auswählen, worauf wir acht geben |

Wir entscheiden, worauf wir achten und was wir übergehen. Es ist nützlich, die Aufmerksamkeit auf eine bestimmte Sache zu konzentrieren, damit wir nicht von Eindrücken überwältigt werden. Dieses Vorgehen schränkt aber auch ein, wenn wir Anteile unseres Erlebens ausblenden, die wir für ein brauchbares, vollständiges Modell unserer Welt benötigen. Das ist zum Beispiel dann der Fall, wenn wir permanent einen Sinneskanal ausschalten, wenn wir unsere Augen vor sachdienlichen Tatsachen verschließen oder unseren Anteil an einer Situation nicht wahrhaben wollen.

Montag — Nützliche Tilgung

Helfen Sie den Kindern, sich trotz Ablenkung zu konzentrieren. Einige Kinder werden durch Ablenkungen über einen bestimmten Sinneskanal mehr gestört als andere. Durch eine Besprechung können Sie ihnen helfen, individuell diejenigen Störungen zu bestimmen, die besonders schwerwiegend sind und gegen die sie sich kaum wehren können. Helfen Sie ihnen, kreativ zu werden und Wege zu finden, so daß sie mit ihren Stärken und Fähigkeiten Ablenkungen verhindern können.

Beispiele: Sie schaffen sich ein imaginäres Kraftfeld, das Ablenkungen fernhält. Sie stellen sich einen imaginären Bilderrahmen vor, der hilft, sich beim Lesen auf eine Buchseite zu konzentrieren. Sie beschwören einen imaginären Superhelden herauf, der unerwünschte Töne in Stücke schlägt, bevor sie ans Ohr gelangen.

Dienstag — Genau sein

Achten Sie darauf, ob die Schüler in ihren Sätzen zu den Verben genügend Substantive verwenden. Sagt jedes Verb, wer wem weshalb usw. etwas getan hat? Achten Sie darauf, ob die Endungen der Verben stimmen. Wenn die Schüler Dinge auslassen, fragen Sie: "Wer hat das getan?" – "Wem hat er es getan?" usw. Manchmal genügt es schon, den sprachlichen Ausdruck zu vervollkommnnen, damit der Sinn und die Bedeutung eines Erlebnisses begriffen werden.

Mittwoch — Müssen, sollen

Oft erinnern sich Menschen daran, daß sie etwas tun "müssen" oder "sollen", aber sie wissen nicht mehr, warum das so ist oder was geschehen würde, wenn sie es nicht täten. Jedes Müssen oder Sollen hat einmal mit einem "sonst" begonnen: "Du mußt ..., sonst ...; du sollst ..., sonst ..."– Im Laufe der Jahre gingen die "Sonst"-Sätze verloren. Oftmals ist ein "Du mußt ...", "Du sollst ..." oder "Du sollst nicht ..." wohl begründet. Diese wollen wir auch behalten. Aber einige dieser Forderungen basieren auf Folgen, die nicht mehr zu befürchten sind. Diese Anforderungen müssen überprüft und neu entschieden werden, sonst sind wir durch sie gebunden und eingeengt.

Fragen Sie: "Was würde sonst geschehen?" Oft führt die Kenntnis der überholten Begründung für ein Verhalten dazu, daß jemand dieses wenig förderliche Verhalten aufgibt. Oder die Überprüfung der Konsequenzen führt zu der Erkenntnis, daß diese gar nicht so schlimm wären – und damit ist der Weg frei, um ein neues Verhalten auszuprobieren.

Achten Sie darauf, wann ihre Schüler "müssen" oder "sollen" verwenden. Wenn Sie Einschränkungen vermuten, fragen Sie nach dem "sonst" und geben Sie Ihren Schülern die Chance, sich neu zu entscheiden.

Donnerstag **Ich kann nicht**

Manche Menschen, die sagen, daß sie etwas nicht können oder daß etwas unmöglich sei, haben oft keine Ahnung, was sie davon abhält oder *warum* etwas unmöglich ist. Fragen Sie: "Was hält dich davon ab?" oder "Was macht das undurchführbar?" Stellt sich heraus, daß die tatsächlichen Hürden gar nicht so unüberwindlich sind, wird es diesen Menschen möglich, die Einschränkungen durch das "Ich kann nicht ..." zu überwinden.

Achten Sie darauf, wann Ihre Schüler "Ich kann nicht ..." sagen. Hinterfragen Sie es und geben Sie ihnen damit die Chance zum Erfolg.

Freitag **Vergleiche**

Oft stellen Kinder Vergleiche an, ohne genau zu überlegen, was sie eigentlich vergleichen. Wiederholen Sie heute, vielleicht in der Deutschstunde, Vergleichswörter und -sätze. Fragen Sie nach dem Ausgangspunkt für den Vergleich. Helfen Sie ihnen herauszufinden, was sie tatsächlich vergleichen. Das führt dazu, daß Vergleiche nützlich werden, anstatt einschränkend und selbstzerstörerisch. Achten Sie in der Zukunft in den alltäglichen Gesprächen besonders auf Vergleiche, und stellen Sie Fragen, falls die Grundlage für den Vergleich getilgt wurde. Zum Beispiel: "Hübscher als wer?" – "Das Beste verglichen womit?" – "Besser worin?" ...

Ich wähle aus, worauf ich meine Aufmerksamkeit richte!

	Woche vom _____ bis _____	
Montag	Nützliche Tilgung Zeit:	Ablenkungen, die *ich* ausschalten möchte:
Dienstag	Genau sein	*Wie* ich das tun werde:
Mittwoch	Müssen, sollen	Welche "Ich soll ..." ich abschaffe:
Donnerstag	Ich kann nicht	"Ich kann nicht ..." gilt für *mich* nicht mehr in folgenden Situationen:
Freitag	Vergleiche Zeit:	Meine einschränkenden Vergleiche:

| **30. Woche** | **Verzerrung: Wie wir die Wirklichkeit umwandeln** |

Wenn wir Informationen, die unsere Sinne aufnehmen, "verzerren", kann das häufig nützlich sein, zum Beispiel wenn wir für unsere Zukunft planen, wenn wir träumen, künstlerisch kreativ tätig sind, wissenschaftlich forschen, kreativ schreiben usw. Verzerrung ist jedoch einschränkend, wenn Menschen Ereignisse so interpretieren, daß sie glauben, sie hätten keinen Handlungsspielraum und es gäbe keine andere Deutung des Geschehens. Ein Beispiel: Jemand verzerrt alle seine Fehler dahingehend, daß er sagt: "Ich bin dumm. Ich hätte das nie versuchen sollen." Als Ergebnis verliert der Fehler seinen Wert, und damit geht die Chance für Wachstum und Veränderung verloren. Diese Woche werden wir einige einschränkende Verzerrungen in Frage stellen.

Montag — Ursache – Wirkung

Kinder glauben oft, daß ihre Gefühle voll und ganz durch Handlungen anderer verursacht werden und daß sie keine Kontrolle über ihr eigenes Denken und ihre Gefühle haben. Fangen Sie heute an, diese Art von Irrglauben in Frage zu stellen, indem Sie nachfragen, wie denn genau die anderen es geschafft haben, daß sie sich so fühlen. Oder Sie sagen: "Glaubst du, daß du dich *nicht* so ... fühlen würdest, wenn der andere *nicht* ... hätte?" – "Jedes Mal, wenn jemand ..., mußt du dann wirklich ...?" Helfen Sie die Wahlfreiheit, die Wahlmöglichkeiten wieder aufzudecken, die durch verzerrtes Denken verlorengegangen sind.

Dienstag — Gedanken lesen

Da Erwachsene so oft erfolgreich erraten, was in den Köpfen ihrer Kinder vorgeht, glauben diese häufig, daß andere ihre Gedanken erraten können. Und dann meinen sie, sie könnten auch die Gedanken anderer erraten. Dabei merken sie nicht, daß sie sich wahrscheinlich vorstellen, wie *sie selbst* in einer solchen Situation denken und fühlen würden. Schlußfolgerungen auf "Gedankenlesen" zu begründen anstatt auf aktuelle Informationen, dies ist ein weiteres Beispiel verzerrten Denkens.

Hinterfragen Sie heute "Gedankenlesen" durch die Fragen: "Woher weißt du, was er denkt?" oder: "Wie kannst du sicher sein, daß ich weiß, was du denkst?" Ermutigen Sie Ihre Schüler, ihre "Vermutungen" bei dem Betroffenen zu überprüfen. Machen Sie daraus ein Spiel, in dem die Aufgeschlossenheit gesteigert wird.

Mittwoch — "Aber"

Durch den Gebrauch von "aber" wird zum Ausdruck gebracht, daß etwas unmöglich oder notwendig wird. Dies kann einschränkend wirken, wenn Menschen unrealistisch denken, daß äußere Kräfte sie von etwas abhalten oder sie zu etwas zwingen. Zum Beispiel: "Ich möchte meine Hausaufgabe machen, aber ..." oder: "Ich wollte das nicht zerbrechen, aber ..." Fragen Sie dann: "Wenn ... nicht wäre, würdest du dann die Hausaufgabe machen?" oder: "Was zwingt dich zu ...?"

Wenn Kinder erkennen, daß niemand sie abhält oder zwingt, etwas zu tun, können sie die Verantwortung für ihre Auswahl und ihre Entscheidung übernehmen. Stellen Sie weiterhin "aber" in Frage, wenn es die Wahlmöglichkeiten Ihrer Schüler oder deren Gefühl der Selbstbestimmung eingrenzt.

Donnerstag — Nominalisierungen erkennen

Nominalisierungen sind eine Form der Verzerrung, bei der ein Prozeß mit einem Substantiv beschrieben wird. Zum Beispiel ist *Liebe* eigentlich kein Substantiv (kein Zustand), sondern ein Prozeß: *lieben*. Liebe ist nicht etwas, was wir "bekommen", sondern *wir lieben*! Und dennoch sagen Menschen, daß sie "mehr Liebe" brauchen. "Wieviel? Eine halbe Tasse? Zwei Liter?" Oder sie sagen: "Ich kann in diesem Durcheinander nicht denken" oder: "Ich brauche Hilfe." Oder mehr Wertschätzung, Glück, Aufmerksamkeit, Spaß usw. Oder sie verspüren zu viel Einsamkeit, Trauer, Schuld.

Lernen Sie heute, Nominalisierungen zu erkennen. Sie stehen wie Substantive in einem Satz, aber sie bezeichnen nichts, was man hören, sehen, fühlen ... kann. Lassen Sie die Schüler ihre Lesebücher und ihr Gedächtnis nach Substantiven und nach Nominalisierungen durchsuchen. Machen Sie den *Lastwagentest* damit. Wenn Sie sich vorstellen können, daß es sich auf einem Lastwagen befindet, handelt es sich um ein Substantiv – zum Beispiel *Ball, Auto, Mama* usw. Ist das nicht möglich, handelt es sich um eine Nominalisierung, zum Beispiel *Entscheidung, Wahrheit, Balance, Interesse, Unfall*. Stellen Sie mit der Klasse Listen von Substantiven und von Nominalisierungen auf.

Substantive	**Nominalisierungen**
Pflanze	Schöpfung
Tisch	Bedeutung

Freitag — **Nominalisierungen hinterfragen**

Wenn wir aus Prozessen Substantive machen, werden sie zu etwas, worüber wir nicht viel Kontrolle haben. Wandeln wir sie jedoch wieder zu Verben um, wird zum Ausdruck gebracht, daß wir etwas tun können. Wir können lieben, wir können entscheiden, schätzen usw. Und damit bekommen wir die Kontrolle zurück.

Demonstrieren Sie heute Ihren Schülern, wie Nominalisierungen eigentlich Verben in der Maske eines Substantivs sind. Fragen Sie, ob sie "Liebe", "Glück", "Wertschätzung" usw. haben wollen. Dann lassen Sie die Schüler ihre Hände ausstrecken, und sie "geben" ihnen "etwas davon". Arbeiten Sie heraus, daß es sich nicht um Waren handelt, die ein Mensch einem anderen übergibt. Die Verben zeigen eine Handlung an, die jemand ausführen muß!

Achten Sie heute und in der Zukunft auf die Nominalisierungen in der Sprache Ihrer Schüler. Fragen Sie nach, wenn diese einschränkend wirken. Verwandeln Sie sie in Verben zurück. Sagt beispielsweise jemand: "Diese Unentschiedenheit ist fürchterlich", können Sie fragen: "Was ist es, wozu du dich noch nicht entschieden hast?" Sagt jemand: "Ich brauche Hilfe", fragen Sie: "Wobei soll ich dir helfen?" Beobachten Sie, wie Ihre Schüler damit wieder Kontrolle über ihr eigenes Leben bekommen.

Ich hinterfrage einschränkende Verzerrungen!

	Woche vom _____ bis _____	
Montag	Ursache – Wirkung	Viele Menschen glauben heute, daß wir von außen nach innen leben, daß äußere Ereignisse unsere Gefühle beeinflussen. Genau das Gegenteil ist der Fall, wir leben von innen nach außen! Bringen Sie Ihr Inneres in Ordnung, und es stellt sich nach außen dar.
Dienstag	Gedanken lesen	Lassen Sie Ihre Schüler in einem Spiel raten, was ein anderer denkt, und anschließend nachfragen, ob sie richtig geraten haben. Hoffentlich stellt sich heraus, daß sie meistens unrecht hatten.
Mittwoch	"Aber"	Folgende "aber" werde ich aufgeben:
Donnerstag	Nominalisierungen erkennen Zeit:	Einige meiner Nominalisierungen:
Freitag	Nominalisierungen hinterfragen Zeit:	Ich verändere sie zu:

31. Woche | # Vorannahmen: Wie Sie Ihre Kraft für Ihren Erfolg nutzen

Bei Vorannahmen *(presuppositions)*, einer anderen Form der Verzerrung, wird etwas für wahr gehalten, was der daraus abgeleiteten Aussage Sinn verleihen soll. "Wenn Johnny ein hervorragender Schüler wird, würde mich das sehr überraschen." Die Vorannahme ist, daß Johnny bisher *kein* guter Schüler ist. Da Vorannahmen eine starke Wirkung haben, müssen sie vorsichtig verwendet werden.

Vorannahmen können sehr hilfreich sein, wenn Selbstvertrauen vergrößert werden soll, wenn Grenzen erweitert oder Wahlmöglichkeiten geschaffen werden sollen. Zum Beispiel:

"Du hast das Gedicht so schön vorgelesen, daß ich Tränen in den Augen hatte." Das Kind akzeptiert vielleicht ohne nachzufragen, daß es schön vorgetragen hat. Oder: "Einige der anderen denkbaren Möglichkeiten sind folgende: ..." Damit wird vorausgesetzt, daß es diese gibt.

Unser Sprachgebrauch ist ganz natürlich voll von Vorannahmen. Unser Ziel ist es nicht, sie abzuschaffen, sondern sie zu erkennen und sie mit Verantwortungsgefühl gezielt zu nutzen.

Einige häufig auftretende Vorannahmen

1. Namen, Pronomina, Beschreibungen:

   Der Junge mit dem Baseballschläger kam.
   Dies impliziert, daß da ein Junge mit einem Baseballschläger ist.

   Bob hat gewonnen.
   Dies setzt voraus, daß es einen Jungen namens Bob gibt.

   Ich habe es ihr gegeben.
   Dies besagt, daß es sich um eine weibliche Person handelte.

2. *Wer* oder *der*

   Ich gab den Preis dem Jungen, der gewonnen hatte.
   Daraus ist zu schließen, daß jemand einen Wettbewerb gewonnen hatte.

   Wer hat den Papierflieger geworfen?
   Dies unterstellt, daß jemand einen Papierflieger geworfen hat.

3. Zeitbestimmungen: als, bevor, nachdem, während, wenn usw.

   Sie hat es mir erzählt, als ich beim Essen war.
   Dies setzt voraus, daß ich beim Essen war.

4. Zahlwörter

   Bob war der vierte in der Reihe.
   Dies impliziert, daß drei Leute vor ihm waren.

5. Vergleiche: *weniger, mehr, -er, am ...-sten usw.*

   Joe war der beste Fänger.
   Dies setzt voraus, daß es andere Fänger gibt.

6. Verben, die Veränderungen voraussetzen: betreten, verlassen, kommen, gehen, beginnen, starten, aufhören, wechseln, werden, verwandeln, fortfahren usw.

   Georg hörte auf zu laufen und schaute sich um.
   Dies läßt darauf schließen, daß Georg gelaufen ist.

7. Adjektive und Adverbien: glücklich, seltsam, erstaunlich, komisch usw.

   Ich bin glücklich, daß du die Uhr gefunden hast.
   Dies besagt, daß die Uhr gefunden wurde.

8. *Wenn*

> *Wenn du mich vorher gefragt hättest, hätte ich ja gesagt.*
> Daraus ergibt sich, daß der andere vorher nicht gefragt hat.

9. Negative Fragen

> *Hast du das nicht beendet?*
> Das bedeutet, daß ich erwartete, daß du es beendet hast.

Montag   **Vorannahmen erkennen**

Besprechen Sie mit der Klasse einige der üblichen Vorannahmen. Geben Sie ihnen Beispiele, damit sie merken, was vorausgesetzt wurde. Lassen Sie in den Lesebüchern oder in anderen Büchern nach weiteren Beispielen suchen. Besprechen Sie auch Vorannahmen in der Werbung. Beispiele: "Wir sind die Nummer zwei. Wir werden uns noch mehr bemühen." – "Sie haben heute eine Pause verdient." Sprechen Sie auch darüber, welche Funktion Vorannahmen in der Werbung haben. Zum Beispiel: Keine Freunde, wenn sie nicht ein Mundwasser benutzen. Fordern Sie Ihre Schüler auf, für eine Diskussion Beispiele aus der Fernseh- und Radiowerbung zu sammeln oder auch Anzeigen aus Zeitungen und Illustrierten mitzubringen.

Dienstag   **Vorannahmen in der Werbung**

Sehen Sie die Vorannahmen in den Werbesprüchen durch, die die Kinder mitgebracht haben. Stellen Sie die Annahmen zusammen und diskutieren Sie, ob diese notwendigerweise wahr sind.

Mittwoch   **Vorannahmen der Schüler**

Achten Sie auf die Vorannahmen in der Schülersprache. Damit erhalten Sie Einblick in deren Modell der Welt und erfahren, was sie für wahr halten. Entdecken Sie eine einschränkende Überzeugung, können Sie die Aufmerksamkeit des Schülers darauf lenken. Damit bekommt er die Chance zu entscheiden, ob er an dieser Überzeugung festhält oder ob er sie in Frage stellt.

Donnerstag   **Die Macht der Vorannahmen**

Die Schüler können am wirkungsvollsten *indirekt* gelobt werden, nämlich unter Verwendung von Vorannahmen. Wenn Sie zu einem Kind sagen: "Du hast deine Note durch harte Arbeit verbessert" oder: "Ich bin beeindruckt, wie genial du das herausgefunden hast", dann glaubt das Kind vielleicht, daß es hart arbeitet und intelligent ist. – Und daran glauben heißt so handeln!

Experimentieren Sie heute damit, Ihre Schüler mit Hilfe von Vorannahmen zu loben. Nutzen Sie deren Kraft, um hervorragende Leistungen zu erreichen!

Freitag   **Implizite Befehle**

Geben Sie Ihren Schülern implizit Befehle. Sie machen die geforderte Aufgabe vielleicht ohne zu fragen, wenn Sie das Verhalten, das Sie wollen, voraussetzen. Zum Beispiel: "Wenn ihr eure Arbeit beendet habt, legt ihr sie auf mein Pult." Das setzt voraus, daß sie die Arbeit beenden. Fragt man: "Wollt ihr das vor oder nach der Pause machen?", so wird wieder vorausgesetzt, daß sie es tun.

Experimentieren Sie heute mit diesen impliziten Anweisungen. Achten Sie darauf, welche Sie bereits verwenden, und finden Sie neue, damit Sie Ihre Ziele, die Sie sich für Ihre Schüler vorgenommen haben, auch erreichen.

Ich erkenne Vorannahmen und nütze sie mit Vorsicht.

	Woche vom _____ bis _____	
Montag	Vorannahmen erkennen Zeit:	Meine Quellen zu diesem Thema:
Dienstag	Vorannahmen in der Werbung Zeit:	Zeitungsanzeigen für die Diskussion:
Mittwoch	Vorannahmen der Schüler	Vorannahmen, die ich bei den Schülern gehört habe:
Donnerstag	Die Macht der Voran-nahmen	Sätze zum Loben:
Freitag	Implizite Befehle	Erfolgreiche implizite Befehle:

| 32. Woche | **Ankern: Ein Werkzeug für Wachstum** |

Während dieses Schuljahres haben wir bisher schon auf vielfältige Weise "geankert". Im *Aufmerksamkeitsspiel* haben Sie Ihre Schüler mit Ihren Worten, Ihrer Stimme und Ihrer Haltung geankert. Sie sollten *aufmerksam* werden, wenn sie den "Anker" bemerkten. Auch Ihr Lob, Ihr Lächeln und Ihre Berührung sind Anker, genauso wie dieser bestimmte Ton Ihrer Stimme, bei dem die Schüler wissen, daß Sie es ernst meinen und sie sich besser danach richten sollten. Jeder Stimulus, der zu einer gleichbleibenden Reaktion führt, ist ein Anker. Können Sie sich noch an den Geruch von Mutters Schokoplätzchen erinnern? Dieser Geruch ist ein Anker, der Sie in Kindheitserinnerungen zurückführen kann. Berührungen können ein Anker sein, genauso Worte, Bilder usw.

Montag — Ressourcen (Fähigkeiten) sammeln *(gathering resources)*

Kinder haben oft Fähigkeiten und Fertigkeiten, die sie nur einmal, vielleicht außerhalb der Schule angewendet haben, oder sie haben davon geträumt, etwas Bestimmtes tun zu können.

Sie können ihnen helfen, diese Fähigkeiten auch im Rahmen der Schule voll einzusetzen, indem Sie diese Fähigkeiten für die Aufgaben in der Schule ankern. Dekorieren Sie das Klassenzimmer mit erfolgreichen Arbeiten oder mit Slogans, die mit Erfolg zu tun haben; damit ankern Sie das Gefühl von Kompetenz und Erfolg. Bevor Sie mit einer Aufgabe beginnen, bitten Sie Ihre Schüler, sich an vergangene Erfolge zu erinnern oder sich ihren Zufluchtsort mit all seinen Möglichkeiten vorzustellen. Wenn sie etwas aus dem Gedächtnis aufsagen sollen, fordern Sie sie auf, sich zunächst an einen Kinderreim oder ein Lieblingslied zu "erinnern". Sagen Sie ihnen, daß sie mit den gleichen Fähigkeiten im Sprachunterricht Klänge oder Wörter behalten können.

Dienstag — Lernen aus einmaligen Erlebnissen

Anker aus einer einmaligen Erfahrung können sehr mächtig sein. Ein kleines Kind zeigte seiner Tante Mary sein eben fertiggestelltes Bild. Diese runzelte die Stirn und sagte: "Aber nein, so macht man das nicht! Ich zeige es dir." Das Kind fühlte sich schrecklich und schloß daraus, daß es schlimm war, etwas falsch oder einen Fehler zu machen. Noch heute hat der Schüler ein schlechtes Gefühl, wenn er nur *eine* Sache falsch macht, und er weiß nicht einmal warum!

Werden Sie sich der Wirkung bewußt, die Sie auf Ihre Schüler haben. Achten Sie auf Ihre eigenen Anker und die Reaktion Ihrer Schüler. Verändert sich plötzlich deren Gesichtsausdruck, ist da eine spontane Bewegung, ein Lächeln, sagen sie etwas, verändert sich ihre Atmung ...?

Mittwoch — Wie man ankert

Sobald Sie Ihre Schüler besser kennen, bemerken Sie, wie sie schauen und sprechen, wenn sie frustriert sind, sich hilflos fühlen oder zufrieden über einen Erfolg sind usw. Sie können einen Anker für eine bestimmte Erfahrung einrichten, zum Beispiel für Erfolg, und Sie können dann zu irgendeinem späteren Zeitpunkt diesen Anker auslösen, um das Gefühl von Erfolg zurückzubringen.

Achten Sie auf den Gesichtsausdruck, auf die Stimme, die Hautfarbe, den Atemrhythmus usw. Wenn Sie glauben, daß das Gefühl beim Schüler sehr intensiv ist, können Sie es mit einer Berührung, einem Wort, einer Geste, der Stimme, einer Bewegung usw. ankern.

Wählen Sie einen Anker, den Sie ein andermal genau gleich wiederholen können. Eine Berührung sollte immer an der gleichen Stelle mit demselben Druck erfolgen. Dann können Sie ein anderes Mal, vielleicht wenn der Schüler eine schwierige Aufgabe beginnt, den Anker setzen.

Achten Sie auf die Veränderung, wenn der Schüler auf den Anker reagiert, sein Gefühl von Erfolg erfährt und seine Aufgabe beginnt.

Suchen Sie sich heute ein Kind aus und ankern Sie eine positive Erfahrung – Erfolg, Zuversicht, Freude –, auch wenn es nur ein Zwinkern im gemeinsamen Lachen ist. Sie werden merken, daß Sie all das schon die ganze Zeit getan haben, ohne es zu merken.

Donnerstag ## Anker kollabieren *(collapsing anchors)*

Sie können neue Anker schaffen, die alte Anker überlagern oder zerstören. Wenn zwei Anker gleichzeitig mit dem gleichen Ereignis assoziiert werden, dann setzt sich der stärkere Anker durch, oder es findet eine Integration statt: Die neue Reaktion ist ein Ergebnis der zwei vorhergehenden. Im Beispiel von dem Jungen, der sich schlecht fühlt, wenn er einen Fehler macht, können Sie diesen Anker zerstören; Sie überlagern ihn mit dem Anker, den Sie mit Worten, Stimme und Gesichtsausdruck etabliert haben, während Sie den Schüler lobten. Er fühlt sich gut, wenn Sie ihn loben, er fühlt sich schlecht, wenn er einen Fehler macht. Wenn er also das nächste Mal einen Fehler macht, lächeln Sie ihn an und sagen: "Wunderbar! Jetzt weiß ich, was ich dir noch beibringen muß. Das macht meine Arbeit einfacher." Das gute Gefühl kann so mit zukünftigen Fehlern assoziiert werden. Dann ist er vielleicht in der Lage, einen Fehler als eine Gelegenheit zum Lernen zu betrachten!

Freitag ## Wie man Anker einsetzt

Wir erzeugen bei unseren Schülern Wirkung. Daran läßt sich nichts ändern. Was wir aber tun können: Wir sollten uns unserer Macht bewußt werden und sie verantwortlich einsetzen. Anker können ein machtvolles Werkzeug für Wachstum sein, wenn sie mit Liebe und Achtung für die individuelle Persönlichkeit angewendet werden.

Ermöglichen Sie in Ihrem Unterricht den Kindern auditive, visuelle und kinästhetische (gefühlsmäßige) Erfahrungen, damit das Gelernte auf allen Sinneskanälen verankert und über diese Kanäle auch wieder abrufbar wird.

Ankern Sie einen Lehrstoff mit der Situation, in der der Schüler ihn wahrscheinlich brauchen wird. Schaffen Sie eine Brücke zu Situationen, in denen das Gelernte angewendet werden könnte.

Setzen Sie Ihre Worte, Ihre Stimme und Ihre ganze Ausdruckskraft ein, um zu ermutigen, zu unterstützen und zu loben. Und haben Sie Spaß dabei!

Ich ermutige, unterstütze und lobe die Schüler.

	Woche vom _____ bis _____	
Montag	Fähigkeiten (Ressourcen) sammeln	Anker, die ich anwenden werde:
Dienstag	Lernen aus einmaligen Erlebnissen	Anker, die mir aufgefallen sind:
Mittwoch	Wie man ankert	Meine Erfahrung beim Ankern:
Donnerstag	Anker zerstören	Schülerreaktionen, die ich verändern möchte:
Freitag	Wie man Anker einsetzt	Pläne:

| 33. Woche | **Strategien: Lehren, wie man lernt** |

Wenn Sie in der Lage sind, das Leitsystem (die Denkmethode) Ihrer Schüler anhand der Augenmuster zu erkennen und ihr Repräsentationssystem (die Darstellungsweise) anhand der Prädikate (Signalwörter) zu erfassen, können Sie auf *wiederkehrende Sequenzen* dieser Modalitäten (auditiv, visuell, kinästhetisch) achten. Ein Kind sagt zum Beispiel: "Wenn ich die Aufgabe *sehe* (Augen nach rechts oben), dann *sage* ich mir, daß ich das nicht kann (Augen unten links), und ich habe ein *Gefühl* der Angst (Augen unten rechts)." Dieses Muster *visuell (V) – auditiv (A) – kinästhetisch (K)* ist eine Strategie, die der Schüler vielleicht in vielen Bereichen seines Lebens anwendet. Vielleicht *sieht* er, wie Reggie Jackson beim Baseball einen *home run* macht, *sagt* sich, daß er das auch können möchte, er *fühlt* die Erregung; er *stellt sich vor*, wie er das auch kann, er *sagt* sich, daß er gut ist, und *empfindet* Stolz. Dies ist nur eine von vielen möglichen Strategien. Die meisten Menschen haben einige wenige Strategien, die sie für viele Zwecke benutzen.

Montag Wie man Strategien benutzt

Warum bringt ein Schüler in einem Jahr gute Leistungen, im anderen schlechte? Er hat vielleicht in beiden Jahren gute Lehrer, aber im einen Schuljahr stimmen seine Strategien mit denen des Lehrers überein, im anderen jedoch nicht.

Je mehr ein Kind *alle* seine Repräsentationssysteme gebraucht, um Informationen aufzunehmen und zu verarbeiten, desto mehr kann es lernen. Je mehr Strategien es hat und je verschiedener diese sind, desto mehr kann es lernen.

Wenn Sie also die ganze Klasse unterrichten, ...

1. unterrichten Sie *alle* Kinder, sprechen Sie, lassen Sie sie sehen, fühlen und erfahren, was zu lernen ist. Unterrichten Sie viele Strategien – die Schüler werden sich aussuchen, was sie am besten gebrauchen können.

2. Wenn Ihre Schüler mit dem Gelernten arbeiten und es anwenden, sollten Sie ihnen viele verschiedene Aktivitäten anbieten. Lassen Sie sie wählen: Berichte, Schaubilder, Skizzen, visuelle Hilfsmittel, Experimente usw. Lassen Sie einzeln und in Gruppen arbeiten.

Für heute wählen Sie eine dieser Ideen und planen Sie eine Veränderung Ihrer Unterrichtsstrategie.

Dienstag Ergebnisstrategie *(outcome strategy)*

Eine allgemein nützliche Unterrichtsstrategie ist ähnlich der Ergebnisstrategie, die Sie in der Kommunikation mit anderen anwenden:

1. Wählen Sie ein Ziel oder Ergebnis, das Sie sich für Ihre Schüler wünschen. Beschreiben Sie es sinnlich wahrnehmbar: was Sie beobachten oder hören werden.

2. Entscheiden Sie, welche Fähigkeiten Voraussetzung sind, damit sie das lernen können.

3. In der positiven Erwartung, daß Ihre Klasse das erreichen wird, lehren Sie sie jene Fähigkeiten und beobachten Sie dabei fortwährend das Verhalten der Schüler. Unterrichten Sie über alle Sinneskanäle und überlegen Sie sich verschiedene Übungen zum Ausprobieren.

4. Sobald Sie eine Reaktion erhalten, vergleichen Sie sie mit Ihrer Zielvorstellung. Besteht Übereinstimmung, dann haben Sie es geschafft! Gratulieren Sie sich und Ihren Schülern. Ist das Ziel noch nicht erreicht – welche Ressourcen oder Fähigkeiten, welche Haltung usw. sind außerdem nötig? Lehren Sie diese.

5. Nach einer gewissen Zeit – falls Sie Ihr Ziel noch immer nicht erreicht haben – wollen Sie vielleicht ein anderes Ziel wählen.

107

Für heute nehmen Sie eines Ihrer Unterrichtsthemen und wenden Sie diese Ergebnisstrategie an, um Ihr Ziel zu erreichen.

Mittwoch — Aufteilen in überschaubare Einheiten *(chunking)*

Hier nun eine spezielle Unterrichtsstrategie für Teil 3 der Strategie von gestern.

1. *Chunking*
   a) Unterteilen Sie Ihren Unterrichtsstoff in Teile, in kleine Schritte.
   b) Unterrichten Sie diese Teile (wenn möglich der Reihe nach).
   c) Verknüpfen Sie alle Teile zu einem in sich stimmigen Ganzen.
   d) Lassen Sie üben, bis die Schüler das Gelernte automatisch anwenden.

2. Erklären Sie den Schülern, wie sie herausfinden können, wann sie das Gelernte anwenden müssen. Ankern Sie diese neue Fähigkeit mit einem Auslöser, der in ihrem Alltag immer wieder vorkommt. Zum Beispiel: Wenn es um die Anwendung von Singular oder Plural beim Verb geht (Beispiel: *Eine Menge Schüler kam ...* oder *kamen ...?*), verknüpfen Sie diese Fähigkeit mit der Bildung von Sätzen, mit Aufsatzschreiben, mit Korrekturlesen o.ä.

3. Zeigen Sie Ihren Schülern, was sie mit den neu erlernten Fähigkeiten anfangen können. Haben sie beispielsweise Addition und Subtraktion gelernt, zeigen Sie ihnen, wie man Einkäufe zusammenrechnet und Wechselgeld errechnet. Halten Sie nach Möglichkeit Ausschau nach Lösungen für Alltagsprobleme – zum Beispiel wie man die Angaben in einem Rezept drittelt und daraus etwas zubereitet.

Für heute wählen Sie ein Stoffgebiet aus und beachten Sie diese Punkte.

Donnerstag — Allgemeine Muster von Strategien

Jede Fähigkeit kann mit vielen verschiedenen Strategien gelernt werden. Einige Strategien sind für bestimmte Fähigkeiten besser als andere. Visuelles Denken ist nützlich für die Vorstellung abstrakter Begriffe. Arbeiten Sie zunächst mit einer konkreten Repräsentation und danach mit einer visuellen Vorstellung von dem Begriff. *Visuelles Denken* ist nützlich für Mathematik, für das Erfassen von Wörtern, für Rechtschreiben, Argumentieren, nonverbales Kommunizieren und Problemlösen.

Auditives Denken folgt einer bestimmten Reihenfolge. Es ist nützlich für das Verstehen von Texten, das Ausführen von Anweisungen, verbale Kommunikation und kreatives Schreiben.

Kinästhetisches Denken ist nützlich für Aufgaben, die mit Bewegung verbunden sind. Wir können unsere Handschrift verbessern, wenn wir unser kinästhetisches Gedächtnis dafür, wie der Stift zu halten ist und wie ein Buchstabe geformt wird, auffrischen.

Auch wenn eine Lernstrategie eher auf *einem* sensorischen Bereich basiert, müssen für eine vollständige Strategie *alle* Sinneskanäle beteiligt sein. In der Rechtschreibung zum Beispiel 'hört' ein Schüler das Wort, er 'sieht' die Schreibweise vor sich und bekommt ein 'Gefühl' dafür, ob etwas richtig oder falsch ist.

Achten Sie heute darauf, welche Art zu denken für das, was Sie unterrichten, am wichtigsten ist. Überlegen Sie sich mögliche Strategien für Ihren Unterricht.

Gebiet	Wichtige Denkschritte	Mögliche Strategien
während der Stunde Stichpunkte aufschreiben	zuhören; visuell organisieren	Ich mache mir ein *Bild* von meinen *Worten*; *fühlt* es sich richtig an? A–V–K
Mathematik: Lösungen finden	Verfahren visualisieren; sich die Schritte vorsagen; fühlt sich das richtig an?	V–A–K

Je nach Entwicklungsstand können Sie vielleicht eine Diskussion mit Ihrer Klasse führen: Welche Strategien sind für welche Aufgaben besonders geeignet? Achten Sie speziell auch auf Strategien von erfolgreichen Schülern.

Freitag **Arbeit mit einzelnen Schülern**

Hat ein Schüler besondere Schwierigkeiten, können Sie seine meistgebrauchte Strategie herausfinden. Dann können Sie neuen Stoff speziell für ihn aufbereiten, indem Sie seine Strategie verwenden. Ein Beispiel: Sie haben entdeckt, daß Bobby immer, wenn Sie ihn etwas fragen, zunächst nach links unten (A), dann nach rechts oben (V) und schließlich nach rechts unten (K) schaut. Unterrichten Sie ihn, indem Sie etwas sagen (A), ihm eine visuelle Repräsentation des Vortrags bieten (V) und ihm Gelegenheit geben, ein Gefühl (K) zu bekommen, während er die visuelle Darstellung nutzt, um die Fragen zu beantworten. Stellen Sie ihm Fragen, die seiner Sequenz folgen. "Bobby, wenn du das Wort 'verdampfen' *hörst* und dir *vorstellst*, wie das Wasser wieder in die Luft entweicht, wie glaubst du, würde sich das *anfühlen*, wenn die feuchte Luft auf deiner Haut trocknete?"

Sie können auch die Strategie eines Schülers variieren, damit er in der Lage ist, bei verschiedenen Lehrern zu lernen. Verwenden Sie *seine* Strategie, um ihm verschiedene Strategien beizubringen! Am Beispiel von Bobby: Wenn er eine Lehrerin hat, die mit Übersichten, Bildern usw. 'führt', wird er nichts aufnehmen, bevor sie spricht. So lehren Sie ihn, ein Selbstgespräch über die Bilder zu führen. Sagen Sie: "Bobby, wenn ich zu dir in Form von Bildern spreche (dir Bilder zeige), kannst du ein Gefühl für das bekommen, was ich mit dem Bild sage, indem du dir selbst sagst, was du siehst." Dann lassen Sie ihn üben, indem Sie ihn (A) auffordern, sich Bilder anzuschauen (V), um damit ein Gefühl (K) zu bekommen für das, was er sieht, und es zu beschreiben. Dann lassen Sie ihn einen Zusammenhang herstellen zwischen dem, was er sich sagte, und dem, was *Sie* zu dem Bild oder der Übersicht lehren, und so wird er tatsächlich das Bild 'hören'!

Für heute wählen Sie einen Schüler aus, um mit ihm zu 'spielen'. Finden Sie seine Strategie anhand der Augenhinweise und der verwendeten Prädikate. Dann bauen Sie Ihre Stunde so auf, daß Sie ihn erreichen. Achten Sie darauf, was geschieht.

Ich verwende solche Strategien, mit denen ich alle Kinder erreiche.

	Woche vom _____ bis _____	
Montag	Wie man Strategien benutzt Zeit:	Stunde oder Stoffgebiet: Ich werde:
Dienstag	Ergebnisstrategie Zeit:	Stunde oder Stoffgebiet: Ergebnis: Fähigkeiten: Reaktion:
Mittwoch	Aufteilen in kleine Einheiten Zeit:	Stunde oder Stoffgebiet: 1. In kleinere Einheiten aufteilen, unterrichten, verbinden, üben 2. Auslöser 3. Lehren, wie das Ergebnis angewendet werden kann
Donnerstag	Allgemeine Muster (Gruppendiskussion) Zeit:	Etwas Neues, das *ich* lernen will: Sinneskanäle, die für die Strategie gebraucht werden:
Freitag	Arbeit mit einzelnen Schülern	Schüler/in: Seine/ihre Strategie: Plan: Ergebnisse:

| 34. Woche | **Motivationsstrategien: Anderen helfen, erfolgreich zu sein** |

Sie haben wahrscheinlich schon viele Methoden ausprobiert, um Ihre Schüler zu motivieren. Einige haben bei manchen Schülern gewirkt, aber andere Schüler konnten Sie einfach nicht erreichen.

Montag — Wie biete ich etwas dar

Wenn Sie die ganze Klasse unterrichten, sollten Sie für *alle* Sinneskanäle etwas anbieten, um alle Schüler zu erreichen. Jedes Kind wird dann sein eigenes motivierendes Element finden: ein Gefühl, ein Bild, Worte usw. Bieten Sie all das an, um *allen* Schülern motivierende Anregungen zu geben.

Haben Sie die Absicht, einen bestimmten Schüler zu motivieren, sollten Sie versuchen, seine eigene Strategie umzudrehen. Verläuft Bobby's Hauptstrategie von V über A nach K, motivieren Sie ihn, indem Sie ihm beschreiben, wie es sich anfühlen (K) wird, wenn er zuhört (A), wie die Darstellung (V), die eine neue Formel in Mathematik darstellt, erklärt wird.

Einige Kinder haben eine Strategie des Widerspruchs *(inverse strategy)*: Sie werden das tun, was sie *nicht* tun sollen. Dies wird eine Übung für Ihre Kreativität: Schaffen Sie eine Situation, in der das Kind 'gewinnt', indem es das tut, was Sie von ihm wollen. Ein Beispiel: Jason mag seine Brille nicht aufsetzen. Also bekommt er einen Punkt, wenn er *zuerst* daran denkt, seine Brille aufzusetzen; wenn Sie ihn erinnern müssen, bekommen *Sie* einen Punkt. (Er wird die Brille aufsetzen, um *Sie nicht* gewinnen zu lassen.)

Für heute wählen Sie ein Fach oder ein Kind, bei dem Sie diese Ideen ausprobieren können. Viel Spaß!

Dienstag — Relevanz

Die Kinder sollen erfahren, welche Bedeutung die Dinge haben, die sie lernen. Diskutieren Sie darüber, welchen Nutzen etwas für sie selbst oder für andere hat. Vielleicht fallen den Schülern sogar Dinge ein, an die Sie gar nicht gedacht hatten!

Stellen Sie bei neuem Stoff eine Verbindung zu bereits Gelerntem her. Zeigen Sie die logischen Verbindungen zwischen altem und neuem Lernstoff auf.

Wählen Sie heute für den Anfang ein Sachgebiet aus und sprechen Sie über Bedeutung, Relevanz, Nutzen, Beziehungen usw. Zeigt sich bei den Schülern ein Unterschied in ihrer Begeisterung und Beteiligung?

Mittwoch — Entscheidungsstrategie

Die Entscheidung, etwas zu wollen, ist eine ausgezeichnete Motivation. Eine gute Entscheidungsstrategie sieht folgendermaßen aus:

1. Überlegen Sie die Alternativen.
2. Stellen Sie sich die Alternativen der Reihe nach vor. Visualisieren Sie, achten Sie darauf, was Sie hören, fühlen würden. Beobachten Sie nur, entscheiden Sie sich noch nicht.
3. Stellen Sie sich jede Alternative noch einmal vor, achten Sie aber dieses Mal darauf, was Sie jeweils dabei empfinden. "Wie stehe ich zu dieser Lösung?"
4. Wählen Sie diejenige, die Sie als die beste empfinden.

Bringen Sie Ihren Schülern diese Strategie bei. Denken Sie daran, schrittweise vorzugehen, stellen Sie eine Verbindung zu einem natürlichen Stimulus her und zeigen Sie den Schülern auch, was sie mit den Ergebnissen anfangen können. Entwickeln Sie für Ihre Schüler die Alternativen übersichtlich und führen Sie sie durch die Strategie. Die Schüler sind oft besonders gut motiviert, wenn sie das Ziel selbst gewählt haben.

Donnerstag **Zielsetzung**

Helfen Sie den Schülern, ihr Ziel für eine bestimmte Stunde bzw. einen Stoff zu definieren. Mit einem Ziel im Hintergrund wird besser gelernt. Die Absicht, etwas *langfristig* zu behalten, verbessert die Gedächtnisleistung. So werden Sie sich zum Beispiel besser an den Namen eines Menschen erinnern, von dem Sie wissen, daß Sie ihm wiederbegegnen werden. Wenn Sie also zum Beispiel Wörter erarbeiten, fordern Sie Ihre Schüler auf, sich die Wörter für den Test am Freitag zu merken *und* für später, wenn sie wieder etwas schreiben müssen. Wenn sie die Wörter jetzt gut lernen, werden sie sie ihr ganzes Leben behalten und müssen sie nicht noch einmal lernen!

Für heute nehmen Sie eine Ihrer Unterrichtsstunden und setzen ein Ziel fest. Erinnern Sie während der Stunde immer wieder an das Ziel, damit die Schüler es nicht aus den Augen verlieren.

Freitag **Affirmationen und Bilder**

Kinder sind ganz natürlich motiviert, auf das hinzuarbeiten, was sie für sich selbst für möglich halten. Ein Kind, das glaubt, daß es ein mittelmäßiger Schüler ist, wird auch entsprechende Leistungen bringen. Helfen Sie den Kindern, den Glauben an die eigenen Fähigkeiten durch Affirmationen und ein geeignetes Selbstbild zu steigern.

Lassen Sie Ihre Schüler Affirmationen formulieren und wiederholen, in denen es um die eigenen Fähigkeiten geht: leicht lernen können, Arbeiten zu Ende führen, gute Leistungen bringen usw.

Lassen Sie ein 'Bilderbuch' anfertigen, in dem die Schüler darstellen, wie sie werden möchten. Die Schüler schneiden Wörter und Bilder aus Zeitschriften aus, um das Bild zu beschreiben, wie sie sich selbst sehen möchten. Dazu gehören Fähigkeiten, materieller Besitz, Beziehungen, Leistungen usw.

Wählen Sie für heute eines dieser Projekte aus und fangen Sie an.

Ich motiviere mich und andere zu persönlichen Bestleistungen.

	Woche vom _____ bis _____	
Montag	*Alle* unterrichten	Plan:
		Ergebnisse:
	Zeit:	
Dienstag	Relevanz	Stunde/Stoffgebiet:
		Relevanz:
	Zeit:	
Mittwoch	Entscheidungstrategie	Nutzen Sie ab heute die Entscheidungsstrategie auch, wenn Sie Entscheidungen für Ihr eigenes Leben treffen.
	Zeit:	
Donnerstag	Zielsetzung	Stunde:
		Ziele:
	Zeit:	
Freitag	Affirmationen und 'Bilderbuch'	Eine Affirmation für Sie selbst:
	Zeit:	

35. Woche — Denkstrategien: Stärken Sie Ihre geistigen Kräfte!

Denken ist *der* Gegenstand des Lehrens. Lehren Sie ein Kind denken, und es kann sein Leben lang lernen. Diese Woche überprüfen wir *einige* Denkstrategien. Es gibt deren sehr viele!

Montag — Strategien herausfinden *(eliciting)*

Sie haben einige Schüler, die auf manchen Gebieten sehr erfolgreich sind. Lernen Sie deren Strategie und bringen Sie diese anderen bei. Sie können eine Strategie durch Erfragen herausfinden. Sie fragen danach, wie ein Schüler etwas macht, und achten dann nicht auf das, was gesagt wird, sondern auf die Augenbewegungen und auf die verwendeten Prädikate. Ist ein Kind bei irgendeiner Sache erfolgreich, so sind ihm die einzelnen Schritte oft nicht bewußt. Sie liegen nicht im Bereich seiner bewußten Wahrnehmung und laufen automatisch ab.

Für eine Rechenaufgabe könnte eine einfache Strategie die Abfolge V – A – K sein: "Ich *schaue* mir das Problem an (V), ich entscheide, was zu tun ist (*spreche* mit mir selbst über das Verfahren: A), und ich löse die Aufgabe." [Dabei erwähnt das Kind nicht sein *Gefühl* (K), das ihm sagt, daß der Lösungsweg richtig sei.] Einige Strategien sind kurz, andere länger. Wenn Sie andere Kinder eine Strategie lehren wollen, wählen Sie die kürzere. Das ist weniger mühsam. Vergewissern Sie sich, daß alle Sinnessysteme (V, A, K) einbezogen werden und daß immer nach einigen Schritten ein Realitätstest stattfindet, damit die Schüler sich nicht in ihren Gedankengängen verlieren; stellen Sie sicher, daß mit den ersten Schritten das Ziel festgelegt wird. Achten Sie darauf, daß sie nicht in einer Schleife zwischen zwei Systemen hängenbleiben. Also beispielsweise etwas visualisieren, ein Gefühl dazu haben, visualisieren, fühlen, ... (V, K, V, K usw.)

In der oben beschriebenen einfachen Rechenstrategie erinnert sich der Schüler, während er sich den Ablauf vorsagt (A), vielleicht an andere Probleme und stellt einen Vergleich (V) an, um ein Gefühl (K) dafür zu bekommen, ob es Parallelen zu dem vorliegenden Problem gibt.

Finden Sie heute als Anfang die Strategie eines Schülers heraus. Suchen Sie sich einen Schüler heraus, der sich kooperativ zeigt, und nehmen Sie sich ausreichend Zeit. Haben Sie seine Strategie gefunden, führen Sie ihn mit Worten durch seine Strategie und achten auf seine Reaktion – an seinen Bewegungen, seinem Ausdruck, seinem Tonfall usw. werden Sie erkennen, ob Ihre Beobachtung richtig war. Achten Sie besonders auf den *Prozeß*, den der Schüler durchläuft, nicht auf den *Inhalt* dessen, was der Schüler tut. Er selbst wird auf den Aufgabeninhalt achten.

Mit der Zeit werden Sie in der Lage sein, die Strategie eines Schülers allein dadurch herauszufinden, daß Sie ihn beobachten, während er eine Aufgabe ausführt. Beobachten Sie, wie Ihre Schüler aufschauen, die Lippen bewegen und herumzappeln, während sie arbeiten. Das können Anzeichen für Denken sein, nicht für Spielen!

Dienstag — Eine Strategie verändern

Eine wenig effektive Strategie eines Schülers kann auf verschiedene Weise verändert werden:

1. Hat ein Schüler eine lange, mühselige Strategie, die nicht zweckdienlich ist, überlegen Sie sich, was effizienter zu gestalten wäre, und verändern nur diesen Teil der Strategie. Lehren Sie ihn die neue Strategie, indem Sie mit ihm üben. Oder Sie können den revidierten Teil der Strategie an der passenden Stelle ankern.

2. Lassen Sie zwei Schüler einen Arbeitsablauf gemeinsam durchführen, zum Beispiel eine lange Divisionsaufgabe. Jedes Kind löst einen Teil der Aufgabe. Durch die Zusammenarbeit haben beide die Gelegenheit, die Strategie des anderen zu übernehmen.

3. Lehren Sie eine wirksamere Strategie für dieselbe Arbeit.

Verändern Sie die Strategie schrittweise. Versuchen Sie nicht, große Veränderungen auf einmal durchzuführen. Verändern Sie einen Teil jetzt und weitere Teile in einigen Monaten. Verändern Sie so wenig wie möglich. Überprüfen Sie die Strategie genau und nehmen Sie nur die geringstmögliche Veränderung vor, um das gewünschte Resultat zu erreichen.

Testen Sie die neue Strategie und stellen Sie fest, ob der Schüler sie automatisch anwendet.

Mittwoch — Organisationsstrukturen

Um das Verständnis zu erleichtern, besprechen Sie die jeweilige Organisationsstruktur:

1. Besprechen Sie die Struktur des Lehrbuchs: Inhalt, Index, Vorwort, Einleitung usw. Zeigen Sie auf, wie die einzelnen Kapitel aufgebaut sind. Sind bestimmte Absätze fettgedruckt? Gibt es Zusammenfassungen? Wie werden wichtige Sätze hervorgehoben?

2. Machen Sie Ihren Unterrichtsvortrag nach Notizen, die Sie an die Tafel schreiben, oder teilen Sie Blätter aus. Zeigen Sie Ihren Schülern, wie sie Details hinzufügen können, während sie Stichpunkte aufschreiben. Geben Sie ihnen Hinweise, so daß sie erkennen, welche Details wichtig sind.

3. Lehren Sie Ihre Schüler, wie man aus Texten Wichtiges hervorhebt, wie man Textauszüge oder Zusammenfassungen herstellt.

4. Stellen Sie die Gesamtstruktur mit visuellen Hilfsmitteln wie Bildern, graphischen Darstellungen oder Tabellen dar. Besprechen Sie die Einzelheiten und stellen Sie sie wieder in den Gesamtzusammenhang. Dies ist eine gute Technik für mathematische Abläufe.

Wählen Sie heute ein Unterrichtsgebiet und wenden Sie eines dieser Prinzipien an.

Donnerstag — Strategie zum Generalisieren

Generalisieren – Vorhersagen – Gegenbeispiel

Voraussetzungen für diese Strategie sind:

1. die Fähigkeit, Unterschiede in der auditiven, visuellen und kinästhetischen Darstellung zu erkennen;

2. die Fähigkeit, Muster zu erkennen.

Generalisieren: Als ersten Schritt in dieser Strategie formuliert man eine generalisierende Aussage über ein wiederkehrendes Muster.

Vorhersagen: Was läßt sich mit Hilfe der vorangegangenen Generalisierung für weitere Fälle vorhersagen? Und was geschieht wirklich? Ist das Ergebnis nicht wie vorhergesehen, halten Sie Ausschau nach neuen Mustern und finden eine verbesserte Generalisierung.

Gegenbeispiel: Ist das Ergebnis wie vorhergesagt, suchen Sie nach Gegenbeispielen. Versuchen Sie auf jede mögliche Weise, die Generalisierung zu widerlegen. Hält sie der Überprüfung stand, übernehmen Sie diese Generalisierung so lange in Ihr 'Glaubenssystem', bis sie sich als unwirksam erweist oder bis Sie selbst sie erneut überprüfen wollen. Erweist sie sich als falsch, suchen Sie nach neuen Mustern und bilden daraus eine neue Generalisierung.

Präsentieren Sie Ihren Schülern diese Strategie so, daß sie deren Bedeutung erkennen. Nehmen Sie Beispiele aus der Erfahrungswelt Ihrer Schüler.

115

Freitag   **Aktive Fragen der Schüler**

Fordern Sie Ihre Schüler auf, mehr zu fragen. Stellen Sie die verschiedenen Arten von Fragen vor und üben Sie sie mit ihnen:

Mit Fragen kann man ...
1. Fakten wiederholen
2. Details ins Gedächtnis rufen
3. Ableitungen, Vermutungen anstellen
4. Beispiele nennen
5. aufgrund bekannter Fakten auf Kommendes schließen
6. theoretisieren
7. Hypothesen aufstellen
8. bewerten und beurteilen.

Machen Sie den Schülern klar, daß es auf einige Fragen 'richtige' Antworten gibt, zu anderen aber 'nur' Vermutungen oder Meinungen.

Spornen Sie Ihre Schüler an, neugierig zu sein!

Ich lehre meine Schüler denken.

	Woche vom _____ bis _____	
Montag	Strategien herausfinden	Schüler/in: Aufgabe: Strategie:
Dienstag	Eine Strategie verändern	Ergebnisse:
Mittwoch	Organisationsstrukturen Zeit:	Stunde oder Stoffgebiet: Organisationsstruktur:
Donnerstag	Strategie zum Generali- sieren Zeit:	Nützen Sie selbst diese Strategie, finden Sie ein Muster, generalisieren Sie, sagen Sie etwas voraus, suchen Sie Gegenbeispiele.
Freitag	Aktive Fragen der Schüler	Ergebnisse:

| 36. Woche | **Lernstrategien: Lernen, wie man lernt** |

Von einer Sache Kenntnis zu haben ist nicht dasselbe wie sie zu lernen. Sie können neue Gewohnheiten in einem bestimmten Bereich (zum Beispiel sportliche Betätigung, Diät, Rauchen, Pünktlichkeit usw.) mit dem Verstand als sinnvoll begreifen, aber das Wissen allein führt noch nicht zu Veränderungen. Sie müssen den Wunsch haben, neue Gewohnheiten zu erlernen, Sie müssen wissen, *wie* Sie lernen können, Sie müssen üben und *überzeugt* sein, daß Sie sich ändern können, und schließlich müssen Sie die neuen Gewohnheiten *an geeigneter Stelle* anwenden.

Montag — Lernstrategie

Eine allumfassende Lernstrategie verläuft wie folgt:

1. Motivation: lernen und sich verändern *wollen*
2. Ergebnis: wissen, *was* zu lernen ist
3. Methode: wissen, *wie* gelernt werden kann
4. Überzeugung: wissen, daß ich es gelernt habe, und glauben, daß ich es tun kann!
5. Verbindung herstellen *(bridging)*: wissen, *wann* ich es anwenden muß
6. Überprüfung *(proofing)*: es anwenden und mit Hilfe von Feedback eventuell korrigieren.

Diese Strategie können Sie nicht nur bei Ihren Schülern, sondern auch für sich selbst sinnvoll anwenden, und Ihre Schüler können sie für sich selbst übernehmen.

Schreiben Sie heute die Lernstrategie an die Tafel, unterrichten Sie einen geeigneten Stoff und stellen Sie die Verbindung zu der Lernstrategie her. Beginnen Sie damit, Ihre Schüler zu lehren, wie man lernt.

Dienstag — Einstellung und Aufmerksamkeit

Mit folgenden Maßnahmen können Sie Ihre Schüler zu einer Einstellung bringen, die für das Lernen förderlich ist:

1. Helfen Sie ihnen, daß sie Erfolge erreichen und als solche empfinden:
   a) Verwenden Sie Poster, Slogans, stellen Sie herausragende Arbeiten aus.
   b) Lehren Sie Ihre Schüler, einfach so zu tun, als ob sie etwas schon könnten.
   c) Behalten Sie das Ziel oder das Ergebnis im Hinterkopf und stellen Sie sich vor, es sei schon erreicht – spüren Sie, wie es sich anfühlt, wenn das Ziel erreicht ist und Sie daraus Nutzen ziehen.
2. Bringen Sie den Schülern bei, wie man seine Aufmerksamkeit auf etwas konzentriert und Ablenkungen ausblendet.
3. Machen Sie Lernen wichtig:
   a) Diskutieren Sie über die Bedeutung des Lernstoffes.
   b) Stellen Sie Verbindung zu bereits Gelerntem her.

Damit verschaffen Sie den Schülern die notwendige Motivation und erinnern sie an ihr Ziel.

Wählen Sie heute ein Stoffgebiet dafür aus und wenden Sie diese Prinzipien an. Achten Sie auf die Ergebnisse.

Mittwoch	**Eine Strategie entwerfen**

Lehren Sie Ihre Schüler, *wie* man etwas tut, und machen Sie es dann. Etwas zu üben, ohne es vorher gelernt zu haben, führt nicht zu neuen Lernerfolgen. Ein Beispiel: Lehren Sie das Buchstabieren zunächst mit Nonsens-Wörtern, dann lassen Sie es mit richtigen Wörtern üben. Lehren Sie zuerst das Verfahren und üben Sie dann die Anwendung am Inhalt.

Um eine Lernstrategie für eine bestimmte Fähigkeit zu entwerfen, muß folgendes bedacht werden:

1. Welche Informationen sind nötig? Über welchen Sinneskanal werden diese Informationen am besten aufgenommen?
2. Wie können diese Informationen am besten verarbeitet werden? Welcher Denkprozeß ist nötig?
3. Was geschieht mit dem Ergebnis? Das Ziel sollte im Auge behalten werden.
4. Welches Feedback ist nötig, um das Verhalten anzupassen?
5. In welcher Reihenfolge wird das am besten erreicht?

Vergewissern Sie sich, daß die folgenden Punkte erfüllt sind:

1. Das Ergebnis muß zu Beginn einer Strategie genau definiert sein.
2. Alle Sinnessysteme müssen beteiligt sein (A, V, K).
3. Nach jeweils wenigen Schritten muß eine Realitätsprüfung stattfinden.
4. Es darf keine Schleifen zwischen zwei Punkten geben (zum Beispiel V–A–V–A–V–A).
5. Wenn ein *Gefühl* zu einer Entscheidung verhilft: es sollen nur positive Gefühle verglichen werden, keine negativen.

Wählen Sie einen Unterrichtsstoff aus und entwerfen Sie dazu eine Lernstrategie. Durchlaufen Sie selbst diese Strategie und achten Sie darauf, ob sie für Sie geeignet wäre. Planen Sie, wie Sie sie morgen lehren.

Donnerstag	**Eine Strategie installieren**

Eine Strategie kann mit vielen Methoden installiert werden:

1. Sie üben, indem Sie die Schritte wieder und wieder durchgehen.
2. Sie führen die Strategie vor und lassen die Schüler zusehen, wie andere die einzelnen Schritte vollziehen.
3. Ein Schüler leitet den anderen mit Worten durch die Strategie (wobei auch der Schüler etwas lernt, der den Lehrer spielt).
4. Die Schüler führen sich selbst mit Worten durch die Schritte.
5. Sie installieren indirekt, indem Sie Fragen in der richtigen Reihenfolge stellen, zum Beispiel: Wenn ich das Wort ausspreche und du stellst dir vor, wie es geschrieben wird, hast du das Gefühl, daß es richtig ist?

Freitag	**Verbindungen herstellen**

Um den Schülern eine Brücke vom Lernstoff zu dessen Anwendung zu bauen, verankern Sie das Gelernte mit dem Zusammenhang, in dem sie es anwenden werden. Erklären Sie ihnen, wann und wie sie es anwenden können. Dann lassen Sie die Schüler sich selbst in verschiedenen möglichen Situationen visualisieren.

Geben Sie ihnen Gelegenheit zum Üben und nennen Sie mehrere Anwendungsmöglichkeiten. Geben Sie Aufgaben, bei denen sie die neue Fähigkeit anwenden können, um weitere Anforderungen zu bewältigen oder um ein Spiel zu gewinnen.

Lassen Sie die Schüler üben, bis sie es narrensicher können. Teilen Sie die Übungen zeitlich auf – einige für heute, andere für weitere Tage.

Bieten Sie Feedback an, damit die Schüler ihr Vorgehen noch abändern können. Zeigen Sie ihnen, wie sie die Ergebnisse beurteilen und sich so selbst Feedback geben können.

Verankern Sie heute die gestern gelehrte Strategie mit Alltagssituationen, für die sie nützlich sein kann. Lassen Sie die Anwendung üben. Sehen Sie auch zukünftig Übungen vor und vermerken Sie diese in Ihrem Unterrichtsplan.

Ich kann Neues dazulernen!

	Woche vom _____ **bis** _____	
Montag	Lernstrategie Zeit:	Wenden Sie die Strategie an, um für sich selbst etwas zu lernen. Motivation: Ziel oder Ergebnis:
Dienstag	Einstellung und Aufmerksamkeit Zeit:	Glauben Sie daran, daß Sie es können! Stellen Sie sich vor, daß Sie es bereits geschafft haben. Schreiben Sie drei Vorteile auf. 1. 2. 3.
Mittwoch	Eine Strategie entwerfen	Entwerfen Sie eine Strategie, um Ihr Ziel zu erreichen, oder finden Sie jemanden, der das schon kann, und finden Sie seine Strategie heraus.
Donnerstag	Eine Strategie installieren Zeit:	Üben Sie Ihre Strategie, lehren Sie sie andere, tun Sie so, als ob Sie es könnten ... und tun Sie es!
Freitag	Verbindungen herstellen, üben und Feedback Zeit:	Stellen Sie sich drei Situationen vor, in denen Sie das Gelernte anwenden. 1. 2. 3. Üben Sie, tun Sie es! Achten Sie darauf, was passiert.

| **37. Woche** | **Überzeugungsstrategien: Woher wir wissen, daß wir es wissen** |

Woher wissen Sie, daß Sie etwas wissen? *Fühlen* Sie es? *Sehen* Sie deutlich, daß Sie es geschafft haben? *Hören* Sie die Bestätigung "Gut gemacht" oder "Ich hab's geschafft"?

Montag Woher weißt du es?

Fragen Sie mehrere Schüler: "Woher weißt du, daß das richtig ist?" – "Wieso weißt du das?" Achten Sie auf die Augenbewegungen. Einige 'sehen', daß etwas richtig ist, andere 'hören' oder 'fühlen', ob richtig oder falsch. Lassen Sie die Schüler Übungen zu der Strategie der letzten Woche machen oder zu einem anderen Unterrichtsstoff. Lassen Sie richtig oder falsch 'erraten'. Prüfen Sie nach und stellen Sie fest, wie nahe die Schüler an der Lösung sind. Loben Sie sie, wenn sie falsche Antworten als solche erkennen. Schließlich kann man nichts verbessern, wenn man nicht weiß, daß es falsch ist!

Dienstag Glauben

Oft können wir etwas und glauben nicht, daß wir es können. Oder wir bemerken erst, daß wir etwas tun,,wenn jemand durch eine zufällige Bemerkung unsere Aufmerksamkeit darauf lenkt. Und *dann* glauben wir es. Oft glauben wir, daß jemand anders das tun könnte, was wir erst versuchen, aber wir glauben nicht, daß *wir* es schaffen können.

Schaffen Sie Situationen, in denen Kinder die Chance bekommen, einander zu sagen "Du kannst es!" oder "Du hast es geschafft!"

1. Lassen Sie paarweise oder in kleinen Gruppen arbeiten – vielleicht im Wettbewerb miteinander.
2. Nur Komplimente oder Ermutigungen sind erlaubt, *kein* Herabsetzen.
3. Ermutigen Sie die Schüler, Komplimente auszuteilen.
4. Benutzen Sie die 'Zeit zum "Prahlen"' (vgl. 3. Woche), um die Leistungen der Kinder gebührend zu würdigen.
5. Setzen Sie Schüler mit etwa gleichem Leistungsstand zusammen, damit sie sich gegenseitig 'unterrichten'. Zeigen Sie ihnen, wie sie wirklich helfen können – sie sollen andere ermutigen, etwas zu tun, und sie dann dafür loben.
6. Geben Sie Belohnungen für Leistungen *aller* Kinder, nicht nur für die Klassenbesten.
7. Schaffen Sie ein System, bei dem Schüler Komplimente aufschreiben oder den Fortschritt anderer anerkennen. (Die Aufmerksamkeit für die Stärken anderer hilft den Kindern, ihre eigenen Stärken zu erkennen.)
8. Betonen Sie bei benoteten Arbeiten, wieviel die Kinder gelernt haben, nicht wieviel falsch gemacht wurde.
9. Führen Sie Mappen für die wöchentlichen Erfolge und lassen Sie die Kinder ihre Leistungen der Woche aufschreiben.

Beginnen Sie heute, wählen Sie wenigstens eine Technik und bauen Sie sie in Ihren Unterricht ein.

Mittwoch Überprüfen / Feedback-Strategie

Für alles, was wir tun, brauchen wir eine Feedback-Strategie, um zu wissen, ob wir etwas erreicht haben. Bei einem Gespräch sehen wir die Reaktionen der Gesprächspartner, in Mathematik überprüfen wir die Richtigkeit der Lösung, in den Naturwissenschaften führen wir Experimente durch und 'beweisen' etwas.

Wenn Sie Feedback-Strategien lehren, überprüfen Sie mit *einem* Sinnessystem die korrekte Wahrnehmung der anderen. Die meisten Menschen wählen eine kinästhetische Reaktion: "Ich habe eine gutes Gefühl."

Bringen Sie heute den Schülern für mindestens ein Stoffgebiet ein Feedback-System bei, das sie anwenden können, wenn sie das üben, was sie gelernt haben.

Donnerstag   **Testen**

Testen Sie Ihre Schüler, wenn Sie etwas unterrichtet haben, damit Sie Feedback haben, ob Ihr Unterricht gewirkt hat.

Sie erhalten den besten Beweis, wenn die Schüler das Gelernte in einer Situation spontan anwenden. Überlegen Sie sich Situationen, in denen sich die Schüler entscheiden müssen, das Gelernte anzuwenden, in denen sie es dann auch tun und ein korrektes Ergebnis erzielen müssen. Nehmen Sie sich das zum Ziel, gestalten Sie Ihre schriftlichen Arbeiten soweit möglich dementsprechend.

Stellen Sie heute einen Test zusammen, um Feedback über kürzlich Gelerntes zu erhalten. Nutzen Sie das Feedback, um zukünftige Unterrichtsstunden entsprechend umzugestalten.

Freitag   **Lehr-/Lernstrategie**

Nehmen Sie die Lehr- und die Lernstrategie zusammen und planen Sie heute eine Stunde:

1. Ihr Unterrichts- oder Lernergebnis:
2. Welche Fertigkeiten sind erforderlich?
3. Setzen Sie den Erfolg voraus und unterrichten Sie.
   a) Motivation:
   b) Ergebnis:
   c) Lernstrategie
   d) Überzeugung
   e) Verbindung herstellen
   f) Überprüfung
4. Achten Sie auf die Antworten. Erreichen Sie Ihr Ziel? Verändern Sie Ihr Vorgehen und erklären Sie noch einmal, oder gratulieren Sie sich zu einer erfolgreichen Arbeit!

Ich helfe den Kindern, an sich zu glauben.

	Woche vom _____ bis _____	
Montag	Woher weißt du es?	Woher wissen Sie, daß Sie etwas wissen?
	Zeit:	
Dienstag	Glauben	Glauben Sie von anderen das Beste. Was immer Sie von ihnen glauben, das können Sie auch von sich selbst glauben!
	Zeit:	
Mittwoch	Überprüfen, Feedback-Strategie	Stoffgebiet: Feedback-Strategie:
	Zeit:	
Donnerstag	Testen	Test über: Ergebnisse: In Zukunft werde ich:
	Zeit:	
Freitag	Fassen Sie alles zusammen!	GRATULATION!
	Zeit:	

38. Woche — Wie geht es weiter?

Montag — Erfolge!

Blicken Sie auf das Schuljahr zurück: Sie hatten viele Erfolge. Schreiben Sie zehn davon auf!

1.
2.
3.
4.
5.
6.
7.
8.
9.
10.

Dienstag — Interessen

Schreiben Sie heute die Dinge auf, die Sie weiter verfolgen wollen: Bücher, die Sie lesen wollen; Strategien, die Sie entwickeln wollen; Spiele, mit denen Sie bestimmte Fähigkeiten lehren wollen:

1.
2.
3.
4.
5.

Mittwoch — Probleme zu Herausforderungen umwandeln

Probleme:	Herausforderungen:
1.	
2.	
3.	

| **Donnerstag** | **Träume und Ziele** |

Verweilen Sie bei Ihrem Erfolgsgefühl, blicken Sie auf Ihre Interessen und Herausforderungen und träumen Sie in die Zukunft. Schreiben Sie hier Ihre beruflichen Ziele auf:

1.

2.

3.

4.

5.

6.

7.

8.

9.

10.

Lehnen Sie sich zurück, entspannen Sie sich und stellen Sie sich vor, wie Sie jedes Ziel erreichen …

Freitag   **Planen Sie Ihre Strategie**

Während Sie sich Ihre Ziele überlegen, planen Sie die Strategie:

    A. Definieren Sie Ihr gewünschtes Ergebnis.

    B. Entscheiden Sie, welche Kenntnisse dafür nötig sind.

    C. Entwerfen Sie eine Strategie, um diese Kenntnisse zu erwerben, oder suchen Sie jemanden, der diese Kenntnisse bereits besitzt, und finden Sie heraus, wie er es geschafft hat.

Beginnen Sie heute und suchen Sie sich ein Ziel aus:

Mein gewünschtes Ergebnis:

Notwendige Fähigkeiten:

Wie ich diese erwerben werde:

Schritte zu meinem Ziel:

1.

2.

3.

Ich bringe mich selbst so weit, daß ich meine Ziele erreiche.

	Woche vom _____ bis _____	
Montag	Erfolg!	Ich will folgende Fähigkeiten erwerben:
Dienstag	Eigene Interessen	
Mittwoch	Herausforderungen statt Probleme	
Donnerstag	Träume und Ziele	
Freitag	Strategieplanung	

*Die Modelle, die in diesem Buch gelehrt werden,
sind keine 'Wahrheiten'. Sie sind Verallgemeinerungen.
Sie funktionieren. Wenn nicht, machen Sie etwas anderes!
Tun Sie so, als seien sie wahr,
aber denken Sie daran,
daß dem nicht so ist.*

Erläuterung der Fachbegriffe

Affirmationen:
positive Aussagen, die man beständig wiederholt, um (eigene) verstandesmäßige Widerstände zu überwinden.

Angleichen *(matching)*:
jemanden in Haltung, Stimmlage, Atmung usw. nachahmen. Damit kann Rapport (eine innere Beziehung) hergestellt werden, und es wird die Voraussetzung zum *Führen* geschaffen.

Anker:
eine bestimmte Wahrnehmung (Bild, Klang, Berührung, Geruch, Geschmack), die jedes Mal die Erinnerung an ein bestimmtes Erlebnis wiederbelebt.

Ankern *(anchoring)*:
ein Erlebnis mit einem speziellen Wahrnehmungsstimulus verbinden, damit dieses Erlebnis zu einem anderen Zeitpunkt wieder hervorgerufen werden kann.

Augenhinweise *(eye cues)*:
Augenbewegungen, die Aufschluß geben über die Denkprozesse eines Menschen.

***Chunking*:**
einen komplexen Stoff in kleinere, leichter lernbare Einheiten unterteilen.

Denken:
gegenwärtige und erinnerte Wahrnehmungen kombinieren.

Führen *(leading)*:
sein Verhalten in der Absicht ändern, jemand anders dazu zu bringen, das gleiche zu tun.

Generalisieren:
aufgrund der Beobachtung eines Zusammenhangs zwischen einzelnen Fakten oder eines Musters sich eine allgemeine Überzeugung bilden. Jeder Mensch generalisiert (verallgemeinert) auf seine Weise.

"Haltung des Tüchtigen" *(position of competence)*:
die Körperhaltung, die mit der Erinnerung an eine Situation assoziiert ist, in der man sich kompetent und erfolgreich fühlte.

Installieren (einer Strategie):
jemanden eine neue Strategie lehren.

Intention:
der eigentliche Wunsch, das wahre Bedürfnis hinter einem Verhalten; ist fast immer positiv, wenn auch die Mittel zu ihrer Erfüllung manchmal nicht positiv sind.

Komplexe Äquivalenz:
Verknüpfung (wörtlich: Gleichwertigkeit, Gleichsetzung) von zwei oder mehr Gedanken, die in keinem Zusammenhang miteinander stehen, in dem Glauben, daß ein Zusammenhang besteht. So wird zum Beispiel aus "Der Tag ist sonnig" und "Ich fühle mich gut" der Satz: "Ich fühle mich nur an sonnigen Tagen gut."

Kontextualisieren:
eine bestimmte Fähigkeit in den Zusammenhang stellen, in dem sie gebraucht wird.

Löschen:
bestimmte Fakten aus unserer bewußten Wahrnehmung entfernen.

Nominalisieren:
ein Tätigkeitswort (einen Prozeß) in ein Substantiv verwandeln (Beispiel: lieben – Liebe).

Polaritätsreaktion *(polarity response)*:
automatisch gegebene gegensätzliche, oppositionelle Antwort auf alles, was begegnet.

***Pacing*:**
jemanden in Körperhaltung und Stimme unauffällig imitieren oder spiegeln.

Positive Absicht:
Egal wie sich jemand verhält: er hat eine positive Absicht und den Wunsch, etwas zu tun, was ihm gut tut.

***Reframing*:**
etwas in einen anderen Kontext stellen oder anders interpretieren.

Ressourcen:
Fähigkeiten, die Menschen von Natur aus besitzen.

Strategien:
Denksequenzen

***Streamline*:**
kleinere Lerneinheiten verbinden zu einer reibungslosen, automatisierten Tätigkeit.

Synästhesie:
Kreuzverbindung und Überlappung der verschiedenen Wahrnehmungskanäle (Modalitäten).

Überprüfen *(proofing)*:
mit Hilfe von Feedback Verhalten korrigieren.

Verbindungen herstellen *(bridging)*:
eine erlernte Fähigkeit mit den Situationen verbinden, in denen sie gebraucht wird.

Verzerren:
eingehende Wahrnehmungen aus der eigenen Perspektive umdeuten – und damit zu Fehlinterpretationen kommen.

Vorannahme *(presupposition)*:
Man tut so, als wäre man sich über eine bestimmte Sache bereits einig. Zum Beispiel setzt die Frage "Sind die Marsmenschen blau oder grün?" voraus, daß es Marsmenschen gibt.
(Anmerkung: In der NLP-Literatur wird dies stellenweise auch "Präsupposition" genannt.)

131

Stichwortverzeichnis

Affirmation   14, 61, 76, 112, 130
Angleichen   72, 130
Anker(n)   81, 88, 104 ff., 108, 119, 130
Anweisung   24 ff., 73, 101
Aufmerksamkeit   24, 33, 36, 43, 45, 47, 55, 75, 94, 118
Augenhinweise   40, 107, 130

Disziplin   16, 72 f.

Erfolg   9 f., 19, 64, 78
Ergebnis   58, 85, 107

Führen   72, 130

Generalisierung   91 f., 115, 130

Kompliment   19, 53, 81, 122

Nominalisierung   97 f., 131
Nonverbale Kommunikation   42, 85

Polaritätsreaktion   72, 111, 131

Raten (erraten)   22, 48, 122
Rechtschreibung   13, 27 ff., 39
Reframing   50 f., 131

Signalwort   36 f., 39, 107
Sorgentopf   50
Synästhesie   78, 131

Test   65, 123

Überprüfen   48, 64, 118, 122 f., 131
Überzeugung *(belief)*   14, 16, 91 f., 101

Vergleich   88 f., 95, 100
Vorannahme   100 ff., 131
Vorstellung (sich etwas vorstellen)   27, 36, 39 f., 58, 61, 75 f.

Ziel(e)   58 f., 61 f., 64 f., 67 f., 85, 107, 112, 126
Zufluchtsort   21

Literaturverzeichnis

Bandler, Richard/Grinder, John: *The Structure of Magic, Vol. I, A Book about Language and Therapy*, Palo Alto/CA 1975 (Science and Behavior Books); deutsch: *Metasprache und Psychotherapie. Die Struktur der Magie I*, Paderborn 1981 (Junfermann)

Bandler, Richard/Grinder, John: *Frogs into Princes*, Moab/UT 1979 (Real People Press); deutsch: *Neue Wege der Kurzzeit-Therapie. Neurolinguistische Programme*, Paderborn 1981 (Junfermann)

Bandler, Richard/Grinder, John: *Tranceformations*, Moab/UT 1981 (Real People Press); deutsch: *Therapie in Trance*, Stuttgart 1985 (Klett-Cotta)

Castillo, Gloria A.: *Left Handed Teaching. Lessons in Affective Education*, o.O. 1974 (Holt, Rinehart, and Winston)

de Mille, Richard: *Put Your Mother On The Ceiling*, o.O. 1967 (Penguin Books); deutsch: *Setz Mutter auf den Tiger. Phantasieexperimente für Kinder und Erwachsene*, Hamburg 1978 (ISKO-Press)

Dilts, Robert: *NLP in Education*, Cupertino/CA o.J. (Meta Publications)

Dilts, Robert/Grinder, John/Bandler, Richard/Cameron-Bandler, Leslie/DeLozier, Judith: *Neurolinguistic Programming*, Cupertino/CA 1980 (Meta Publications); deutsch: *Strukturen subjektiver Erfahrung. Ihre Erforschung und Veränderung durch NLP*, Paderborn 1985 (Junfermann)

Grinder, John/Bandler, Richard: *The Structure of Magic, Vol. II*, Palo Alto/CA 1976 (Science and Behavior Books); deutsch: *Kommunikation und Veränderung. Die Struktur der Magie II*, Paderborn 1982 (Junfermann)

Gordon, David: *Therapeutic Metaphors*, Cupertino/CA 1978 (Meta Publications); deutsch: *Therapeutische Metaphern*, Paderborn 1984 (Junfermann)

Hendricks, Gay/Wills, R.: *The Centering Book*, Englewood/NY 1975 (Prentice-Hall)

Hendricks, Gay/Roberts, Thomas B.: *The 2nd Centering Book*, Englewood/NY 1977 (Prentice-Hall)

Oaklander, Violet: *Windows To Our Children*, Moab/UT 1978 (Real People Press); deutsch: *Gestalttherapie mit Kindern und Jugendlichen*, Stuttgart 1981 (Klett-Cotta)

Informationen zur Aus- und Weiterbildung in NLP

Deutsche Akademie für angewandtes NLP
Postfach 47 07 19
D-12316 Berlin
Tel. & Fax: 0 30 - 6 01 57 74

metaForum
Postfach 21 05 04
10505 Berlin
Tel.: 0 30 - 39 90 36 00
Fax: 0 30 - 39 90 36 02

Milton Erickson Institut, Wolfgang Lenk
Wartburgstraße 17
D-10825 Berlin
Tel. & Fax: 0 30 - 7 81 77 95

Thies Stahl Seminare
Training – Beratung – Supervision für professionelle Kommunikatoren
Eulenstr. 70
D-22763 Hamburg
Tel.: 0 40 - 3 90 55 88
Fax: 0 40 - 3 90 95 73

THINK Gesellschaft für Neue Kommunikationsstrategien mbH
Seminarhaus LÖWEN
D-79669 Zell-Gresgen
Tel.: 0 76 25 - 76 36
Fax: 0 76 25 - 2 17

Österreich:
Institut für strukturelle Wahrnehmung, Richard Hauser
Th.-Körner-Str. 40
A-8010 Graz
Tel.: 03 16 - 67 12 12
Fax: 03 16 - 67 12 42

Schweiz:
NLP Aus- und Weiterbildung, Werner Herren
Kurszentrum Aarau, Familienberatungsstelle
Laurenzenvorstadt 85/87
CH-5000 Aarau
Tel. + Fax: 0 62 - 8 23 10 10

NLP-Literatur (auch ausländische):
NLP Buch- und Medienversand, Jörg Erdmann
Hirtenweg 17 A
D-33102 Paderborn
Tel.: 0 52 51 - 3 59 69
Fax: 0 52 51 - 3 56 54

Dr. Paul Dennison:
Befreite Bahnen

Lernbehinderungen sind keine Krankheit. Sie sind vielmehr Störungen im Kommunikationsnetz, das den Menschen mit seiner Welt verbindet. Beim lernbehinderten Kind liegt eine „Blockierung des Systems" vor: es wird durch den heutigen Leistungsdruck und das Konkurrenzdenken in der Schule abgeblockt. Paul Dennison erläutert, wie dieses Dilemma zustande kommt und wie wir es überwinden können. Die dabei eingesetzten Techniken basieren auf den neuesten Entdeckungen der experimentellen Psychologie und der Gehirnforschung in den USA. Sie entsprechen aber auch unseren ältesten Vorstellungen darüber, wie wir lernen und uns entwickeln.

Befreite Bahnen ist ein Handbuch der Hoffnung für die besorgten Eltern und die frustrierten Lehrer „unbelehrbarer" Kinder und darüber hinaus für jeden, der in irgendeiner Form mit Lernproblemen belastet ist. In erstaunlich kurzer Zeit sind Fortschritte zu erzielen, wenn man die einfach anzuwendenden Techniken mit Liebe und Zuversicht einsetzt.

11. Auflage 1996, 177 Seiten, 70 Abbildungen, Paperback (13 x 20,5 cm),
26,– DM/26,– sFr/190,– öS, ISBN 3-924077-01-0

Dr. Paul Dennison/Gail Dennison:
EK für Kinder. Das Handbuch der Edu-Kinestetik für Eltern, Lehrer und Kinder jeden Alters

Mit EK für Kinder haben Paul und Gail Dennison eine wichtige Ergänzung zu *Befreite Bahnen* vorgelegt: einen praktischen Leitfaden zum Erschließen neuer Lernerfahrungen.

EK für Kinder ist ein Bilder- und Arbeitsbuch für Kinder mit einem erläuternden Anhang für Eltern, Lehrer und Erzieher. Reich illustriert und in Schreibschrift werden den Kindern die Gehirnfunktionen erklärt, die mit verschiedenen Lernaufgaben zusammenhängen. Bereitschaft für Veränderungen durch vertieftes Verständnis zu wecken – dies ist der Sinn der stark vereinfachenden, neurologisch gesehen aber immer korrekten Darstellung. Die Erklärungen münden in Übungen: einfache, natürliche, sichere Bewegungen, die Kinder selbständig ausführen und die Erwachsene für sich selbst genauso nutzbringend anwenden können.

12. Auflage 1996, 93 Seiten, 53 Abbildungen, Spiralheftung (16,5 x 24 cm),
19,80 DM/19,– sFr/145,– öS, ISBN 3-924077-06-1

Dr. Paul E. Dennison/Gail E. Dennison:
BRAIN-GYM®

Besser lernen mit dem *ganzen* Gehirn – das ist das Ziel der Brain-Gym®-Bewegungsübungen. Diese Bewegungen aktivieren auch solche Teile des Gehirns, die vorher nicht aufnahmefähig waren. Die witzig illustrierte „Gehirngymnastik" ist für jung und alt geeignet; hilft uns, unser (Gehirn-)Potential besser zu nutzen; fördert klares und kreatives Denken; erleichtert jede Art von Lernen.

Brain-Gym® umfaßt eine Reihe einfacher Bewegungen, mit denen man auf spielerische Weise seine Lernfähigkeit steigern kann. Die Übungen sind so angelegt, daß ihre Auswirkungen im Alltag schnell zu spüren sind.

8. Auflage, 1996, 63 Seiten, durchgehend illustriert, Spiralheftung (16,5 x 24 cm),
mit beigehefteter sechsseitiger Falttafel „Alle 26 Brain-Gym®-Übungen auf einen Blick",
19,80 DM/19,– sFr/145,– öS, ISBN 3-924077-75-4

Dr. Paul E. Dennison/Gail E. Dennison:
BRAIN-GYM®-Lehrerhandbuch

Diese leicht verständliche Arbeitshilfe für Lehrer, Erzieher und Eltern bringt auf jeder Seite zu jeweils einer BRAIN-GYM®-Übung einige Unterweisungstips. Diese befähigen dazu, die Übung für ein bestimmtes Kind oder eine bestimmte Situation zu erklären, abzuwandeln oder weiterzuentwickeln. Außerdem finden sich zu jeder Übung übersichtlich angeordnete Informationen zu ihren Wirkungen.

7., neu illustrierte und von den Autoren vollständig überarbeitete Auflage, 1995,
54 Seiten, 115 Illustrationen, Spiralheftung (21 x 29,2 cm),
34,– DM/34,– sFr/248,– öS, ISBN 3-924077-70-3

Michael Grinder:
NLP für Lehrer. Ein praxisorientiertes Arbeitsbuch

Dieser „Lehrgang" für Neurolinguistisches Programmieren wendet sich an alle, die in Lehre und Erziehung tätig sind. Der Autor verbindet Erläuterungen zum theoretischen Hintergrund des NLP mit zahlreichen praktischen Übungen zur Weiterentwicklung der persönlichen Fähigkeiten. Aus seinen langjährigen Erfahrungen als Lehrer und NLP-Trainer hat Michael Grinder hier die wirkungsvollsten Unterrichtstechniken und (nonverbalen) Kommunikationsmuster zusammengestellt.

Aus dem Vorwort von John Grinder (Mitbegründer des NLP und Bruder des Autors):
„Michael Grinder hat meiner Ansicht nach mit diesem Buch etwas Außerordentliches geschaffen. Der Leser bekommt klare, ausführliche Anleitungen, damit er die bevorzugte Lernmethode seiner Schüler besser erkennen und definieren und in seinem (Lehrer-) Verhalten dem Schüler auf halbem Wege entgegenkommen kann. Das Ergebnis ist vielfältig: der Schüler bringt bessere Leistungen, und der Lehrer baut seine Beziehung zum Schüler aus..."

4. Auflage 1995, 226 Seiten, 30 Abbildungen, 85 Arbeitsblätter, Paperback mit Fadenheftung (21 x 29,2 cm), 49,80 DM/49,80 sFr/364,– öS, ISBN 3-924077-21-5

Martina Schmidt-Tanger, Dr. Jörn Kreische:
NLP-Modelle. Fluff & Facts – Das Basiskurs-Begleitbuch

Darauf haben viele gewartet: ein Ausbildungsbegleiter in NLP-gerechter, „sinn-reicher" Gestaltung. In systematischer Folge werden die NLP-Basistechniken vorgestellt. Klare Durchführungsanweisungen, Übungsvorschläge für Kleingruppen und Selbstexperimente erleichtern das Nachvollziehen des Erklärten. Witzige, intelligente Zeichnungen vermitteln die NLP-Ideen auf nonverbale Weise. Die Autoren präsentieren alle wichtigen NLP-Konzepte *(Facts)* in angenehm sinnlicher Verpackung *(Fluff)*. Ein unentbehrlicher Leitfaden für alle, die nicht nur über NLP lesen, sondern es sich praktisch aneignen wollen.

1994, 122 Seiten, zahlreiche Abbildungen, Paperback (21 x 29,7 cm),
34,– DM/34,– sFr/248,– öS, ISBN 3-924077-67-3

Dr. Bernard F. Cleveland:
Das Lernen lehren. Erfolgreiche NLP-Unterrichtstechniken

Ausgehend von den Forschungsergebnissen der Lernpsychologie zeigt der Autor, welchen bedeutenden Beitrag das Neurolinguistische Programmieren leisten kann, um die Anforderungen optimaler Lernprozesse zu erfüllen. Hier können Lehrer lernen: das nonverbale Feedback der Schüler zu beobachten und so zu interpretieren, daß sie ihre Unterrichtsziele erreichen; wirksamen Rapport zu schaffen; Lernstrategien zu ermitteln und zu installieren; den Lehr- und Lernprozeß für sich selbst und für die Schüler produktiver und erfreulicher zu machen. Besondere Aufmerksamkeit widmet der Autor dem systematischen Wahrnehmungstraining. Zahlreiche praktische Übungen helfen die neuen Erkenntnisse im Alltag (nicht nur in der Schule!) umzusetzen.

1994, 230 Seiten, 20 Abbildungen, Paperback (21 x 29,2 cm),
49,80 DM/49,80 sFr/364,– öS, ISBN 3-924077-33-9

Das IAK INSTITUT FÜR ANGEWANDTE KINESIOLOGIE GmbH, Freiburg, veranstaltet laufend Kurse in *Touch For Health (Gesund durch Berühren)*, in *Edu-Kinestetik*, in *Entwicklungskinesiologie* und in allen anderen Bereichen der Angewandten Kinesiologie. Dank enger persönlicher Kontakte zu den Pionieren der AK ist das Institut in der Lage, ständig die neuesten Entwicklungen auf diesem Gebiet zu präsentieren.

Außerdem fördert das Institut die Verbreitung der Angewandten Kinesiologie im deutschsprachigen Raum durch Literaturempfehlungen und Adressenvermittlung.

Wer an der Arbeit des Instituts interessiert ist, kann kostenlose Unterlagen anfordern bei:

IAK INSTITUT FÜR ANGEWANDTE KINESIOLOGIE GmbH, Freiburg
Zasiusstraße 67, D-79102 Freiburg, Telefon 07 61-733 08, Telefax 07 61-70 63 84